Travessia Sinérgica na Pandemia

Francisco Custódio do Nascimento

Travessia Sinérgica na Pandemia

ALL PRINT
EDITORA

Dados Internacionais de Catalogação na Publicação (CIP)
(Câmara Brasileira do Livro, SP, Brasil)

Nascimento, Francisco Custódio do
Travessia sinérgica na pandemia / Francisco
Custódio do Nascimento. -- 1. ed. -- São Paulo : All
Print Editora, 2021.

ISBN 978-65-5822-076-3

1. Literatura brasileira 2. Reflexões I. Título.

21-73201 CDD-869.9802

Índices para catálogo sistemático:

1. Reflexões : Coletânea : Literatura brasileira
869.9802

Aline Graziele Benitez - Bibliotecária - CRB-1/3129

Projeto gráfico, editoração e impressão:

ALL PRINT
EDITORA
www.allprinteditora.com.br
info@allprinteditora.com.br
(11) 2478-3413

Agradecimentos:

Ao meu Deus, meu guia invisível, que só é visto pela fé, que tem ajudado a manter a minha vida.

À família, que tem sido meu alicerce. Não pode ser colocada no tripé, mas na base.

Às igrejas que me ensinaram a respeitar as diversas linhas doutrinárias.

Aos amigos incentivadores, que seguem meu trabalho literário.

Sumário

Apresentação
Como somos frágeis!!!

Em 2012, um escritor norte-americano, especialista em ciências da natureza, David Quammen, nos deixou mais informados sobre vírus.

> "Spillover – é um termo em inglês que pode ser traduzido como transbordamento e é usado no contexto ecologia para dizer que um vírus, ou micróbio, conseguiu se adaptar e migrar de uma espécie de hospedeiro para outra. Foi o que ocorreu com o agente infeccioso causador da Covid-19".
>
> Fonte blog SAÚDE

Seu trabalho ainda não foi traduzido no Brasil, mas achei tão importante, que decidi utilizá-lo logo na abertura do meu livro.

Trata-se de um repórter e escritor, como nós, na realidade, pessoas comuns e curiosas, é aquele cientista preocupado com a pesquisa, buscando a origem das doenças, sem a ligação com o poder. Seu trabalho é real, com uma autentici dade fria, sem preocupação com vaidade, mas pronto para ver aqueles infectados com os agentes felizes com a cura das doenças neles manifestadas.

Um homem que não está preocupado com a fama, homem simples, de hábitos parecidos com os nossos, totalmente independente. Levanta cedo, dá uma espreguiçada, olha para o céu, agradece a Deus, tira o cocô dos cachorros, dá um bom dia para o vizinho e empurra o carro com feno até o curral; alimenta os animais e verifica se algum deles foi picado por morcego.

Este pesquisador entrevistou diversos cientistas sobre zoonoses, em diversas partes do mundo, para ter uma ideia de como o vírus pode ser transmitido de um animal qualquer para o ser humano.

Em 1990, o vírus Hendra saltou do cavalo para o ser humano, na Austrália, mas sua origem é no morcego e outros animais como aves e porcos. E infelizmente, através dele, temos conhecimento de como estamos recebendo este mal perturbador, hoje.

Todos os cuidados com a higiene, a partir de agora, deverão fazer parte de nossa rotina, as mutações já viraram rotina. Nos tornamos reféns desses elementos, desde que passamos a usar os defensivos para controlar pragas, numa medida exagerada. Portanto, não podemos culpar os animais transmissores, mas sim, as nossas atitudes.

Em primeiro lugar, agradeço a Deus por mais esta oportunidade, de colocar em minha boca palavras desafiadoras, decifrando enigmas brotados em minha mente, colocados nesta página, para que todos degustem com sabedoria, evitando interpretações erradas.

Meu trabalho será totalmente focado num tema não revelado, nem mesmo para mim, com o objetivo de extrair do fruto da imaginação todo o conteúdo vitalizante de uma imaginação fértil, grifado na minha memória.

Coloco-me, neste momento, a serviço de um elenco que não sei se exibirá uma arte que esteja à altura de todos. Tentarei exprimir o mais verdadeiro sentimento literário, tirado do recôndito de minha alma. Sei que não atingirei os desejos de todos, pois cada alma tem sua própria história, não podendo meu desejo ser o seu desejo. Tentarei, porém, levar até você o que meu coração e minha alma têm para lhe oferecer literalmente; um misto de verdades científicas, e um pouco daquilo que vi, ouvi e acreditei a respeito de toda esta tragédia. Todavia, não posso confirmar. Pesquisei artigos científicos e tirei deles o melhor, materialmente; além do meu tripé confiável.

Baseio-me num tripé espiritual, invisível aos olhos humanos; que não poderá ser contestado por você e o meio em que você vive; e me fará humilde para entender qualquer crítica, vindo de você e do meio que você e eu vivemos, mas meu íntimo diz: tudo é verdadeiro.

É apavorante pensar que eu possa ser infectado por este vírus, neste momento que estou escrevendo este texto, só no Brasil, já temos mais de 400 mil mortos, 30 de abril de 2021. Penso que este número poderá passar de 500 mil até o final do ano. Não sou profeta, tampouco especialista em estatística, mas vivo o dia a dia, como qualquer pessoa que pensa e tem discernimento dos acontecimentos.

Torço, no entanto, para que a vacina venha resolver este dano deixado na sociedade, por este vírus, que não deu trégua para ninguém. Imploro a Deus para que a eficiência do medicamento não seja aparente, mas real. Mas ainda vejo com desconfiança o combate total até o final de 2021.

O vírus não nasceu em 2019, ano que serve de referência para as divulgações da Covid-19, pois em pesquisas anteriores, já havia sido detectado em um trabalho realizado em uma caverna de Yunnan. Esta província chinesa está a uma distância de 1,6 mil quilômetros de Wuhan. A equipe pesquisadora verificou uma progressiva contaminação, com mais de 4500 casos confirmados e com aproximadamente 106 mortes. Um destes cientistas, Zheng-Li Shi, virologista chinesa, pertencia ao Instituto de Virologia de Wuhan, autora principal do artigo...

Por volta de 2017, depois de cinco anos coletando amostras fecais dos morcegos, detectaram o coronavírus; desde então estão sendo emitidos alertas constantes nos meios científicos, dos perigos deste bichinho malvado. Baseado em suas constantes mutações.

Há circunstâncias que nos fazem pensar assim: de um lado temos um grande grupo de seres humanos famigerados pelo ganho com a comercialização de animais silvestres de todas as espécies, no corredor África, Ásia e em menor nível nos Estados Unidos e Europa. Um amontoado de animais, nas áreas de mercados, onde a disseminação é evidente. Do outro lado, um número elevado de seres humanos famintos, cerca de 7,6 bilhões à procura de proteínas. Consumidores de carnes de animais não tão convencionais que preencham esta necessidade. Entre eles estão: ratos de bambu, porcos-espinhos, tartarugas, civeta, um animalzinho noturno, muito procurado na Indonésia, com o objetivo de produzir o café mais caro do mundo. Mas o café mais caro do mundo não é feito do animal, e sim de suas fezes. Assim, muitos turistas consomem o café feito com as fezes da civeta, dizendo que a fermentação intestinal do animal dá um gosto especial no café (kopi luwak), cada cafezinho custa em média US$ 100.

No Brasil, vemos um hábito difícil de se combater, a destruição de nossa fauna, colocando em cubículos minúsculos aves diversas, mamíferos e peixes exóticos, pelo simples prazer de colocar em confinamento os indefesos animais silvestres; sem a mínima condição de cuidar e dar a estes animais uma vida digna. Estes mesmos animais que poderão ser os transmissores de doenças infecciosas.

Infelizmente, muitos por pobreza, e outros por alto poder aquisitivo, viajam pelo mundo afora, adquirindo e distribuindo estes animais fora do habitat natural e plantas diferenciadas, causando um desequilíbrio na natureza.

Uma das principais consequências desta desenfreada invasão das moradas destes animais, destruindo florestas, capturando os animais e os vendendo clandestinamente, aos mercados consumidores, é que os vírus podem se transferir de hospedeiros, e as vezes o ser humano que destruiu as reservas é a própria vítima dos pequenos seres que ajudaram distribuir.

O consumo destes alimentos exóticos causa um dano muito grande no meio humano. Hoje está proibido o consumo destes alimentos na China, nos Estados Unidos e em outros poucos países.

Meu tripé

Eu tenho um tripé de trabalho confiável, trabalho com uma intuição pessoal; começa com a fé: a fé aqui será usada como ferramenta para o entendimento do imaginário. Esperança será usada como combustível inspirador, para que eu possa lhe passar o foco confiante, para seu entendimento daquilo que virá depois. Do que você e eu viveremos depois dos acontecimentos atuais. E por último, o amor. O amor é a ferramenta que fará com que eu exponha meus sentimentos humanos, exclusivamente material, ligando ao espiritual para o entendimento final das coisas existentes e nos impulsiona a ajudar a quem precisa, sem a divulgação. Ou seja: a moldagem do físico e o espiritual. Moldando-nos do que somos para algo melhor.

Você pode estar perguntando ao ler: por que esta mistura do material e espiritual? Porque nós seres vivos, e quando digo seres vivos é porque tudo que é vivo, respira e tem sentimento, somos movidos por este sentimento, quando somos atacados por um corpo estranho, a tendência é se defender de todas as formas.

Apelamos para o material, que é a forma mais visível, são os medicamentos; mas, apelamos também para o invisível, que é o espiritual. Aí nossa fé vem à tona, e, neste momento de pandemia, estamos todos em busca de um Deus que possa ter misericórdia e afastar a praga de nosso meio. Como Deus é arquiteto do universo e dono de tudo, pela fé podemos confiar que ele dará um jeito.

Sei apenas que vivo um tempo difícil, assim como você está vivendo, estamos nós dois confinados e no chamado "fica em casa". Fica em casa e mantenha o mais exagerado sistema de higiene pessoal, evitando contato com qualquer pessoa, mesmo que você tenha certeza que ela esteja bem, não contaminada com a chamada Covid-19. Esta desgraça se originou lá na China; contaminou Wuhan, cidade chinesa com 11 milhões de habitantes, às margens de rios importantes, uma belíssima geografia, que foi cercada, inteiramente confinada, depois que já havia deixado vazar a praga.

Ela se espalhou pelo mundo como num rastro de pólvora. Foi cruzando fronteiras, atravessando oceanos, impedindo igrejas de se reunir, impedindo as realizações de jogos esportivos, impedindo os teatros de exibirem suas peças, impedindo aviões de transportar, impedindo navios de atracarem, fechou fronteiras; impedindo os povos de fazerem trocas comerciais, os casais se separam; não podendo exercer seus direitos de se relacionarem. Com uma agressividade sem controle, vitimando quem encontrasse pela frente.

Espalhou desentendimento político entre os homens e os fez opositores de uma hora para outra. Espalhou o ódio e a ganância; todos querendo levar vantagem com a maldição que está reinando sobre eles. Vejam como este bichinho foi, é, e será sempre maldoso daqui para frente, sempre terá uma desorganização celular, fazendo-o mais agressivo ao passar dos anos; por isso nós teremos que nos adaptar com esta higiene mais acentuada.

No Brasil, tivemos o Césio137, poucas mortes, mas um risco muito grande de contaminação; não chegou nem próximo desta desgraça, e na época, preocupou o mundo. Nem o derramamento de óleo no nosso litoral, pelo óleo venezuelano, preocupou tanto quem está além das nossas fronteiras. Todos os continentes se tornaram impotentes diante do bichinho chinês.

Em 26 de abril de 1986, a cidade de Chernobyl foi devastada por um acidente nuclear. Todos nós sabemos que se uma radiação dessa se espalhasse pela face do nosso planeta, tudo ficaria como nessa cidade, por muitos e muitos anos, a vida deixaria de existir. Ainda hoje, Chernobyl é uma cidade fantasma; e olha que o acidente ocorreu a 20km. Mesmo distante, matou milhares de pessoas. Mas, percebemos que mesmo assim, fica muito aquém do que o vírus da Covid-19 aprontou em 2020, por todo o mundo.

É por isso que quando falamos de prevenção, das tragédias, vem a nossa mente, e não podemos simplesmente ignorar, tudo é possível de acontecer nos dias de hoje. Portanto, há necessidade da intervenção das nações mais poderosas e preparadas democraticamente, assim como intervenção da ONU.

Estamos cercados de perigos por todas as partes da terra, tudo é guardado debaixo de muito segredo. Nós pobres viventes não temos informação nenhuma do que pode acontecer.

Quando assistimos aos jornais, ou lemos notícias como o enriquecimento de urano, com o fim de defesa em caso de uma terceira guerra mundial, temos que acreditar que há possibilidade, sim.

Fomos todos dominados e tivemos que aceitar os comandos dos micro-organismos, que chegam sem pedir licença, lutam como gigantes, atacam primeiro o sistema psicológico dos humanos, e aí, invadem o sistema respiratório, por saberem exatamente que ali é o ponto fraco. Com uma sabedoria de combate, que nenhum exército dos países mais bem preparados para as guerras consegue destruir, haja vista os EUA, que já foram derrotados. Quebraram toda a estratégia montada pelos seus generais. Donald Trump se curvou e entregou parte de suas economias para os donos dos bichinhos, vindos dos morcegos, segundo relatam.

O mutante cravou a espada no peito do homem que se dizia o mais poderoso dos humanos economicamente, o mais forte em material bélico e nem assim os bichinhos respeitaram e ultrapassaram as fronteiras americanas.

Há uma suspeita de que os bichinhos são realmente produzidos em laboratório, para provocar este mal, isto porque estavam sendo feitas experiências em morcegos; e é lamentável a gente ter que engolir este grande desaforo, se realmente for verdade, e sem podermos reagir a altura dos acontecimentos.

O mundo se curvou e todos os povos se tornaram vulneráveis. Todos nós frágeis viventes: dissemos aos microguerreiros...

Sim, senhor! Eu me rendo...

Deus seja louvado!

A travessia

O rio estava transbordando. Suas águas barrentas e turvas nos davam um certo temor. Nossa embarcação frágil e nossas forças eram limitadas.

O que fazer se precisávamos alcançar a outra margem? Lá estava a nos esperar um grupo, dependendo do nosso apoio.

O profissional comandante da pequena canoa encontrava-se enfermo e não compareceu para o exercício que só ele sabia executar, com toda sabedoria adquirida, com anos de experiências. Conhecia todas as armadilhas escondidas nas águas barrentas. Sabia se livrar de cada uma delas, pois acompanhou sua formação durante os anos. Muitas tragavam suas vítimas como uma estrela é tragada pelo buraco negro na imensidão do espaço sideral; engolindo este corpo, como se engole uma boa garfada de um saboroso alimento, sem jamais vê-lo, fica apenas a lembrança.

Uma pequena reunião, uma reflexão em Êxodo 13, lembrando todo um processo para a travessia realizada por Moisés, levando um povo por terras desconhecidas, pedregosas, plantas espinhosas, fora os riscos de serem atacados por desconhecidos.

Mas, com fé em um Deus maior, colocou-se a caminhar. Deus ainda o alertara: não deixe o povo sem um local de adoração, construa um tabernáculo. Obediente, Moisés ouviu atentamente os conselhos de Deus, e realizou todos os pedidos.

Seus recursos eram poucos e sua canoa, frágil e desgastada pelo tempo. Mas, o experiente comandante era hábil, porém, não estava presente fisicamente, em espírito, comandava, e havia deixado a difícil missão para quem o sucedesse.

Moisés, sem hesitar, pegou seu cajado e guiou seu rebanho pelo deserto. O comando não é do homem físico, mas do homem Espírito.

Assim fizemos: assumimos o remo da canoa, lembrando sempre os movimentos daquele senhor que fazia aquela travessia, sempre que um grupo estava a esperar na outra margem. Remamos com fé, acreditando, sempre, que faríamos conforme o comandante nos ensinara.

O rio caudaloso, turvo e bravio não reagiu contra nós, e conseguimos atravessá-lo, nos dois sentidos (ida e volta), sem nenhuma onda nos impedir. Exatamente como o povo do Egito suportou 10 pragas, e também como o povo de Israel foi conduzido, na direção de um líder orientado por Deus, nós fomos bem-sucedidos na nossa travessia.

Hoje temos uma onda de praga, estamos exatamente no pico desta onda, todavia, confiamos nos nossos líderes da saúde pública, vamos acreditar que eles estão sendo guiados por um Deus do povo de Israel, e tudo não passará de um rio caudaloso, pedras tentando impedir a caminhada, e nossa canoa, simplória, passará e será bem-sucedida na travessia.

Mesmo que o vírus, sendo ele de laboratório, ou não, provoque muitas mortes, haverá vida e vida abundante, porque nossos líderes estão sendo guiados por um Deus mais forte que ele.

O período que estamos atravessando é exatamente parecido como todos os períodos pandêmicos; todos os anteriores e os que virão, é... pode esperar outros períodos difíceis pela frente. O que precisamos aprender é nos prepararmos para as catástrofes, trabalhar com recursos que temos, hoje, para acudir momentos difíceis amanhã. A travessia jamais acabará para os viventes, haverá sempre momentos de grandes reflexões e tormentas. Nas tempestades haverá sempre quem nos mostre o abrigo; para isso há de se preparar antes para saber olhar os pontos de salvamento.

A Covid-19, começou como surto, em Wuhan, na China, perdeu o controle regional, se estendeu, atingindo outras regiões dentro do espaço geográfico chinês. Tornou-se epidemia; chamando a tenção dos arredores e posteriormente, transformando-se em pandemia, atingindo todas as nações; exigindo intervenção da OMS.

Não podemos esquecer dos primeiros socorros, não podemos esquecer das estratégias de guerra dos nossos inimigos, não podemos menosprezar um guerreiro por insignificante que seja; não podemos olhar para o nosso adversário achando que ele não tem poder de fogo, todo guerreiro pode blefar em algum momento.

Lembro-me, neste momento, do trabalho dado aos americanos no enfrentamento na guerra do Vietnã do Norte e Vietnã do Sul. Conflito entre norte e sul; norte apoiado pelos soviéticos (comunistas) e o sul apoiado pelos americanos, com maior poder de fogo e tecnológico. Resumindo: Guerra Americana, conflito terminado em 30 de abril de 1975. Período do chamado "Guerra Fria". Esta foi a travessia dos vietnamitas, norte e sul, assim como para as potências mundiais da época, América e União das Repúblicas Federativas Soviéticas.

As travessias por calmas que sejam, os rios trazem um certo medo a quem está atravessando, os rumores das ondas amedrontam.

Imagina quem não está acostumado com um volume muito grande de água visitando as Quedas do Iguaçu... vendo aquela queda em movimento constante durante as cheias, sente-se ameaçado. No entanto, para quem está acostumado, é uma belíssima atração natural, onde seus olhos não detectam o perigo, mas uma encantadora paisagem mista de verde e burburinhos poéticos do estalar das águas batendo às rochas.

As ligações das reações terão de estar sempre bem firmes, para que passado, presente e futuro estejam em harmonia um com o outro. Os tempos proféticos não mentem, eles ditam o que haverá de acontecer.

E se o elo quebrar

> Em verdade vos digo que tudo o que ligardes na terra será ligado no céu, e tudo o que desligardes na terra será desligado no céu.
> Também vos digo que, se dois de vós concordarem na terra acerca de qualquer coisa que pedirem, isso lhes será feito por meu Pai, que está nos céus.
>
> Mateus 18:18,19

Não sei se você parou para pensar no valor de um elo de uma corrente. Se não pensou, tente pensar neste objeto rústico, de um valor absolutamente importante na vida de todos.

Na eletricidade, se os elos dos circuitos não estiverem de acordo com os polos de ligação de um com o outro, ou faz a ligação da corrente de energia, ou se destrói a placa "mãe", causando um grande prejuízo.

Um pedaço de corrente de aço usado para fechar uma porteira, se houver um rompimento de um dos elos, a porteira se abre e os animais se espalham causando um grande dano nas vizinhanças.

Uma embarcação atracada em um ponto qualquer do oceano segura pela âncora na ponta de uma corrente, se o elo desta corrente se rompe, esta embarcação fica à deriva, podendo causar acidentes, ou até perder a embarcação.

Então a corrente é o objeto mais importante em sistema de ligação. Não podemos nos descuidar da corrente, a todo instante precisamos fazer uma revisão em nossa corrente com Deus. Os dois versículos acima nos falam deste cuidado.

Na família se houver o rompimento de um dos membros com os demais, há um desequilíbrio no todo. Esta quebra de elo por este membro causa um dano na estrutura familiar;

nunca mais será a mesma família, que antes se reuniam para comemorar eventos, todos passam a lembrar sempre desse elo que se rompeu.

Nas nossas orações, se o nosso elo com o pai celestial não estiver firme, de forma que não se rompa esta ligação, nossas palavras são em vão. Nossas palavras terão que ser expressadas não pela nossa boca, e, sim, pelo nosso coração e nossa mente através de nossa fé.

Perdão e amor necessitam estar sempre presentes em nossa vida, fazendo nossa ligação, um com o outro, pois nosso compromisso, em nossa profissão de fé publicamente, relatamos a nossa vontade, deve ser evidenciada em nossa vida cristã, através do amor e humildade para aceitar dar perdão; sendo que, ao invés de cobrarmos reciprocidade, devemos empatizar ao nosso semelhante e entender seu modo de ver e aceitar os fatos.

Portanto, cuidemos dos elos, não os deixando romper. Porque este elo é a sinergia que mantemos com Deus e os nossos semelhantes, onde realizamos nossos trabalhos sociais, religiosos e até políticos, uns com os outros sem criarmos polêmicas, onde desfrutamos dos resultados juntos.

Este elo nos faz entender a nossa travessia, sem sentir o peso do remo, alivia os nossos esforços e nos leva à outra margem, nos ligando aos que estão do outro lado esperando por apoio.

"Atualmente, o maior risco de uma catástrofe global está em um vírus altamente infeccioso, não uma guerra. Se algo matar 10 milhões de pessoas nas próximas décadas, serão micróbios e não mísseis". Bill Gates – 2015

Não é profecia, é a reflexão diante dos acontecimentos naturais. No passado foram pragas perturbadoras do faraó, direcionadas ao seu povo e seus recursos naturais. Hoje é a disciplina de todas as nações, pelo mesmo Deus que agiu no Egito, agora age sobre todo o universo. Todo o paraíso foi contaminado.

> "É bastante provável que muitas cabeças no mundo, nesse momento, tenham passado por esse processo de reflexão e muitas outras ainda estejam a refletir sobre o que estamos vivendo. Aqui em nosso País, é mais fácil poder afirmar isso. Afinal, estamos acossados por uma pandemia agônica e devastadora que parece não cessar mais".
>
> W. Caldas.

Este professor acostumado com a suavidade das notas musicais, com alunos que apreciam a arte da melodia, e, também, com a agressividade truculenta dos esportes contra os músculos, sabe bem trabalhar as palavras, para mostrar como a alma deve se comportar diante da agressividade da Covid-19; reflexão. Refletir com sabedoria para atravessar o período pandêmico, sem se cansar e oxigenar os órgãos do corpo e chegar ao outro extremo com vitalidade. Criando expectativa de mais vida, acumulando e distribuindo experiências para as gerações futuras.

A escritora norte-americana, Ellen White, em 5 de fevereiro de 1891, escreveu uma carta à sua irmã gêmea, Elizabeth, orientando-a, para que entregasse sua vida a Jesus. Lizze, como era chamada, morreu em 21 de dezembro do mesmo ano. Não se sabe se ela teve este encontro com Jesus, ou se cumpriu a travessia, como era o desejo de sua irmã.

Ellen foi convocada para participar da 29ª assembleia geral de sua igreja na Austrália; ela estava próxima de completar 64 anos, sabia que não tinha tanta força para um trabalho tão duro, mas não recusou e desembarcou em 8 de dezembro em Sydney, obedientemente, como sempre fazia, quando se tratava de determinação da organização religiosa, que ela mesma havia ajudado a fundar.

Durante o período que permaneceu na Austrália, escreveu sobre o chamado; seguindo firmemente às determinações da Associação Geral, dando sempre um grande exemplo de fé cristã e obediência às determinações da igreja.

Neste período Ellen pegou malária e ficou muito doente, mas não desanimou; dizia sentir sempre a presença de Deus por perto. Sua fé a conduzia por onde andava.

"Ellen White sentiu a preciosa força vinda da presença de Jesus ao seu lado. Há muitas coisas em nossa vida que não podemos compreender. Mas essas circunstâncias podem se tornar oportunidades para perceber a especial presença do Amoroso Senhor ao nosso lado".

Ellen enfrentou uma pandemia, que ela chamou de epidemia, na sua visão humilde de missionária e escritora. A influenza russa que dizimou milhares de vidas a confinou por muito tempo, impedindo seu trabalho de campo. Ela cita com palavras doces, que fomos provados e testados com a epidemia da gripe; referindo-se à gripe russa. Muitas mortes e muito sofrimento com as sequelas que a doença deixou. Período de muitas orações numa quarentena sofrida.

As palavras desses heróis da fé nos dão conforto e nos fazem mais leves: corpo, mente e alma. Nos alegramos e conseguimos entender melhor o sentido da vida. Conseguimos discernir melhor a forma como devemos lidar com as adversidades e os tempos difíceis. É com estes experientes trabalhadores, pensadores e orientadores espirituais que aprendemos a vencer os obstáculos naturais; e refletirmos melhor.

Alertas de líderes importantes, para todos os tempos e povos, não atrevo a dar passos gigantescos, primeiro devo ir lentamente, até que meus músculos aceitem e haja uma harmonização, entre os mecanismos do corpo e o cérebro.

A travessia destes experientes heróis estava realizada, não havia porque se preocupar, seu comandante orientara com muito amor e sabedoria.

As doenças infecciosas estão por aí, agindo lentamente e ameaçando se proliferar a qualquer momento, é só questão de tempo.

Hanseníase (sf. Méd. Lepra), doença infecciosa transmissível, é uma delas, assim como a tuberculose, lúpus; elas existem e estão em nosso meio, quem as contrai tem que fazer um tratamento sério, seus copos e talheres devem ser separados, devido ao risco de contaminação dos demais membros da casa. Todos da casa devem tomar um medicamento, indicado por um médico infectologista, profissional da saúde pública e acompanhados, posteriormente. Vejam quanto é preocupante esta doença.

Esta doença crônica está aí no nosso meio, mas sem divulgação e orientação, pelos profissionais da saúde, para evitar que haja disseminação para os meios externos, até parece que a doença não mais existe. Quando você entra em uma unidade de saúde, quando muito você depara com um cartaz em um ponto, sem dar muita importância. Quem sente na pele e nas articulações, literalmente, a agressividade desta doença, jamais esquecerá que para atravessar a temporada da convivência com ela, há de se estar com a canoa e o remo em condições perfeitas para alcançar a margem que o espera. Para se completar a travessia, deve-se estar ligado com Deus. Obediência às determinações espirituais; tudo está ligado: material e espiritualidade.

Meu planeta

Nós, habitantes deste Planeta Azul, e principalmente, deste país, quase continente, estamos vivendo um momento de reflexão; se não reflexão, de muita preocupação. Os sanitaristas não param de trabalhar, dias e noites empenhados em encontrar soluções. Estamos vivendo na companhia de um desconhecido estúpido e insensível; repito: além de desconhecido, estúpido e insensível, um elemento do mal. Invadiu nosso planeta e se espalhou por todos os cantos, fez reféns todos os seus moradores. Rebelou-se contra as leis de imigração, não pedindo licença para atravessar as fronteiras. Ele veio para invadir nosso corpo, quebrar nossa liberdade de ir e vir, e matar por asfixia.

Matar nossos sonhos e projetos em andamento e a nossa alegria de viver, lentamente ele vai minando nossa vida, de forma que nos deprime. Lentamente nossa vontade de viver vai se esvaindo, sem que o nosso consciente perceba a tempo de reagir.

Nosso exército de bactérias, defensoras do nosso corpo, que dão sustentação imunizante, não são capazes de enfrentar esse desconhecido de igual para igual. Elas, na tentativa de defesa, se tornam frágeis, eles entram em seu núcleo e tomam posse do ambiente.

A nossa reflexão é no sentido de como nos desviarmos dos ataques deste desconhecido, se acreditamos que o verão nos favorece... perdemos o crédito quando nossa região mais quente entrou em colapso; Amazonas nos mostrou que o desconhecido entra em qualquer lugar, e se adapta com facilidade em qualquer clima, no frio, ou no quente; com reserva de oxigênio, ou sem esta reserva. Se o corpo está imune, mas não se cuida, ele destrói as suas células, substituindo o local por sua estrutura destruidora, fazendo morada e eliminando toda a defesa; e traz uma nova estrutura mais resistente combatendo o residente anterior; desrespeitando a proteção das bactérias que formam uma frente isoladora do sistema vital.

Nosso corpo é habitado por milhões de bactérias. A pele que cobre nossos músculos praticamente é formada por uma colônia de bactérias; mais de duzentas espécies diferentes. Imagina suas axilas, um espaço pequeno em relação ao corpo todo, recinto dos mais variados tipos de bactérias. Nós somos um paraíso para elas; tudo que elas precisam para sobreviverem, o nosso corpo possui: água, açúcares e gorduras. Habitam normalmente a parte externa; boca, nariz, olhos e órgãos intestinais. Nossos órgãos genitais, onde nós achamos que está sempre bem cuidado... enganamos... quando usamos cosméticos de boa qualidade achando que elas vão recuar, nada: elas conseguem se proteger e se proliferam.

Por que achei por bem registrar essas informações? Porque se você observar nós somos praticamente uma massa, ou uma grande árvore de bactérias e vírus, movimentando livremente por aí.

Quando olhamos no espelho, contemplamos um rosto lindo, cheio de vaidade, narcisamos... não percebemos e não olhamos para o nosso interior; se olharmos para o nosso interior percebemos, somos um baú, onde guardamos um número ilimitado de pequenos seres.

Isto significa que vivemos para os micro-organismos, e não para nós mesmos. Os cientistas calculam que um corpo adulto pode carregar em média um quilo desses seres microscópicos. Seria um desafio para os seres humanos viverem sem esse exército de microsseres. Elas ajudam no nosso sistema alimentar, quebrando os nutrientes. São fontes primárias para algumas vitaminas, como biotina e vitamina K, por exemplo.

Imaginemos uma revolta desses pequenos seres contra o nosso corpo e nossa saúde... Exterminariam com toda a nossa estrutura em horas.

Há em nós seres humanos um orgulho de superioridade, sem percebermos, fomos criados para ser superiores. Nós humanos menosprezamos esses pequeninos. O exemplo de criar coletivamente deveria partir de nossa iniciativa, por entendermos que não somos donos de nada. Deus criou todas as coisas para serem partilhadas.

Erramos...

Deveríamos estudar melhor as abelhas e tirar delas lições importantes: chamamos de insetos, e não olhamos para sua capacidade artística e técnica de criação. Nós temos muito a aprender com elas. Qual engenheiro, ou arquiteto que faria uma construção com cera, perfeita como as delas? Elas dedicam seu trabalho, voluntariamente, para o bem de todo o ecossistema, não cobra por este trabalho, de valor imensurável, e todos se beneficiam.

Esse pequeno inseto chamado abelha, assim como as formigas, os gafanhotos e outros pequenos seres do mundo animal, que trabalham em sintonia um com o outro e a natureza, trouxeram para nós humanos várias lições importantes no campo da colocação empática, no lugar do outro, sentir e agir como se fosse o outro, trocando experiências, produzindo em escala. Esse comportamento usado involuntariamente pelos insetos e animais que chamamos de irracionais, muito nos impressiona.

Continuaremos tratando do assunto, utilizando as abelhas para exemplificar um trabalho em equipe.

Para nós humanos, nos interessa o resultado do seu trabalho, as dominamos facilmente com uma porção de fumaça, tiramos delas o resultado econômico, de seu escravismo, e nos beneficiamos dos produtos de seu trabalho, sem olharmos o sacrifício para chegar ao resultado.

Tirando gotículas por gotículas, das distantes flores, para encher os favos, que covardemente nos aproximamos e roubamos delas o estoque. Estes pequenos seres, focados na sua comunidade, trabalham com liderança forte, estratégia de metas e muita colaboração entre toda a comunidade.

Organizadas em uma hierarquia, onde uma não atravessa o caminho da outra, cada um grupo exerce as funções determinadas pelos superiores. São sinérgicos, empáticos, trabalhando num sistema de trocas simbióticas perfeitas. Aplicam estas técnicas com mais sabedoria do que nós humanos.

A Rainha é o personagem mais importante, a mãe de todas as abelhas; o Zangão, o representante masculino, que tem uma vida pacata, pertencente à casta superior; porém, perde todos os direitos quando fecunda sua amada rainha. Leva uma picada de amor, e morre. Já faz parte deste modo de vida, sacrifício permitido, por isso ninguém estranha, é cultura e costume.

As operárias, um verdadeiro batalhão que realiza todos os trabalhos orientados pela casta superior. Trabalho muito bem organizado. Parece trabalho escravo, mas não... a sociedade aceita com prazer, por fazer parte da cultura. Tudo muito bem estudado e calculado.

Assim são os exércitos dos micro-organismos que nos rodeiam o tempo todo, que ameaçam a atacar o nosso corpo a todo instante, e desatentos, não damos atenção à sua agressividade. Nós os provocamos com nossa agressividade, lançando sobre eles ataques com antibióticos, fazendo-os agressivos e fortes.

Se eles nos atacarem, seremos vencidos com nossos grandes instrumentos bélicos: tanques, mísseis, fuzis e diabo a quatro. Eles são organizados e possuem uma estratégia de guerra. Sabem onde e quando devem e podem nos atacar, estudam o nosso ponto fraco, deixando-nos sem ação.

Aguardamos a qualquer momento termos o nosso mundo invadido por eles, os pequenos seres, que minarão nossas forças, até morrermos por asfixia. Até o último respiro agônico. Afinal, é isto que na nossa pequenez, diante do gigante invisível, conseguimos perceber. Nossa reação é de impotência diante de tanta força invisível. Neste instante, temos apenas uma solução: apelar para Deus, o dono de todas as coisas. Como somos tementes, por termos uma ligação à religiosidade, acreditamos que Deus quer, e por isso nos conformamos e nos confortamos; por esta cultura adquirida desde a nossa infância. Por isso sua soberania e onipotência e onipresença, diante dos acontecimentos, aliviam nossa dor.

Nossa fé faz com que aceitemos os acontecimentos de maneira mais leve, por crermos que assim, Deus quer que aconteça. Esta é uma condição agradável que temos para um momento de muita dor, entregar nas mãos de Deus e acreditarmos que nos acolherá no paraíso. Parece comodismo, mas ele disse: estou convosco. Esta nossa travessia deve estar ligada a este Deus criador.

Dedicado à Amazônia

Vamos pensar um pouco no Brasil. Lá pelos anos de 1965, eu ainda bem jovem, comecei a perceber a perda de árvores. Foi quando tive a ideia de escrever cartas para dar sugestões de proteção ambiental. Nunca fui ambientalista militante, sempre estive atento, mas nunca acreditei que mudaria o modo de agir dos políticos, produtores rurais e pecuaristas, mas sentia-me incomodado com tanta devastação. Cheguei a pensar em fazendas da união, organizadas em lotes de terra distribuídas para o uso e fruto, porém, sem entregar título de propriedade, acho que pensava mais como socialista. Mas, nunca fui adepto desta teoria marxista. Dentro do meu modo de pensar achava que seria a melhor forma de controlar a devastação; com o passar dos anos vi que estava errado pensar assim, foi quando percebi que o estado não sabe gerir.

Eu morava em uma região muito carente, cortada por um rio, que tem o nome de Rio Manhuaçu e desagua no Rio Doce, que corta os Estados de Minas e Espírito Santo, desaguando no oceano atlântico. Forma uma bacia de real importância para aquela região. No entanto, desde o nascimento do Rio Doce, na cidade de Ressaquinha, nas montanhas históricas de Ouro Preto, naquela época já víamos a devastação das florestas protetoras.

Nossa mata atlântica, a mesma da região, foi praticamente exterminada. Isto muito me incomodava, porém não tinha ideia de como expressar para chamar a atenção das autoridades. Mesmo porque eu era ainda criança e analfabeta.

Onde eu vivia, às margens do Rio Manhuaçu, havia um riacho, que o chamávamos de Ribeirão de Água Limpa, onde pescávamos: traíras, bagres, piaus, lambaris e outros peixes. Este riacho nascia num lugar chamado de alto da fumaça. Ali brotavam as águas do riacho e despencavam de uma elevadíssima rocha, antes de chegar ao chão, transformando em gotículas, como de ar-condicionado. O desmatamento e a desinformação dos habitantes do lugar fizeram com que o riacho secasse e não mais serviu de manancial para todos.

Triste travessia da natureza...

Adeus Ribeirão de Água Limpa, adeus peixes e pássaros aquáticos que se beneficiavam das águas cristalinas, que escorriam desde a fonte: do Alto da Fumaça até a Barra Água Limpa, desaguando no Manhuaçu. Deixando apenas lembranças para os que lá viveram.

Hoje acompanho trabalhos de preservação do nosso ecossistema, e tento me unir, mesmo de forma secreta e tímida, passando as informações a outros.

Acompanho os cientistas, Professor Antônio Donato Nobre, Eneias Salati e outros, que trabalham incansavelmente, estudando a floresta amazônica, uma fonte de recursos naturais, namorada pelo mundo todo, todos os países querem ser donos da Amazônia; carinhosamente, chamam-na de "pulmão do mundo", no meu particular, ela é pulmão do Brasil e dos países que fazem parte desta tão cobiçada bacia de água doce. Nenhum deles, os namoradores da floresta, plantou uma árvore sequer; pelo contrário: a maioria deles estão interessados nas suas riquezas. Um famoso cantor chegou a tirar foto com o Raoni Matuktire, deu-lhe uma viagem internacional, fazendo-o pensar que o protegia, que seu interesse era de interesse de todos os povos, isto é balela. Criticou o governo brasileiro, culpando-o pela devastação.

O professor Antônio Donato Nobre estuda a corrente de vento que transporta a evaporação das árvores, formadoras das nuvens que levam água para outras regiões do país, os chamados, por ele e sua equipe, de Rios Voadores.

> "O termo descreve um fenômeno real, cujo impacto é gigantesco em nossas vidas e determinante para o equilíbrio do ecossistema e da biodiversidade. Eles são formados por imensos volumes de vapor de água levados pelos ventos, muitas vezes, acompanhados por nuvens. Apesar de não os enxergarmos, os Rios Voadores têm cerca de três quilômetros de altura e milhares de quilômetros de extensão".

Segundo eles, estas águas evaporadas saem dos lenções freáticos da região, transportados pelas raízes das árvores, até as copas das árvores, saem de uma grande profundidade, chegando às copas e evaporam. A partir daí, formam os rios voadores que são transportados pelos ventos que sopram para as regiões centro oeste, leste e sul.

Com esta corrente de rios, nossa terra se abastece de chuva, o solo encharca e brota o verde. Engorda as correntes das águas, das regiões servidas pelos "rios voadores", as crias dos animais silvestres e peixes das regiões inundadas evoluem e povoam as paisagens.

Peixes no Pantanal dançam a valsa da natureza, as aves gorjeiam como as aves das palmeiras de Gonçalves Dias, na sua linda "Canção do Exílio". Assim conserva o nosso ecossistema.

> "Minha terra tem primores,
> Que tais não encontro eu cá;
> Em cismar – sozinho, à noite –
> Mais prazer eu encontro lá;
> Minha terra tem palmeiras,
> Onde canta o Sabiá.

Não permita Deus que eu morra,
Sem que eu volte para lá;
Sem que desfrute os primores
Que não encontro por cá;
Sem qu'inda aviste as palmeiras,
Onde canta o Sabiá".

Gonçalves Dias

A travessia continua, entre o material e o espiritual. E nós como agentes dotados dos dois campos, materialidade e espiritualidade, devemos estar atentos às correntezas do rio.

As correntezas pandêmicas continuarão a nos perturbar vida afora e nos trarão surpresas, sempre, pois nós, os agentes das correntes visíveis e invisíveis, continuaremos achando que nossa superioridade está acima de todas as coisas.

> "Sempre que chamar pelo meu Nome hei de responder-lhe; estarei sempre com ele; nos momentos mais difíceis, quando enfrentar tribulações, Eu o resgatarei e farei que seja devidamente honrado".
>
> Salmos 91:15

VAMOS LÁ...

O que se pode considerar como pandemia? E o que é epidemia? Lógico que a resposta não é tão difícil de ser diferenciada, temos vários exemplos de epidemias para serem abordadas e em termos de pandemia, num grau menor.

Em 1918, a medicina trabalhava lentamente as pesquisas bacteriológicas, se hoje para o tratamento da Covid-19, temos dificuldade para conseguirmos uma droga eficaz, imagina naquela época. A medicina clínica apostou nos comprimidos homeopáticos "OXIFORM", do laboratório SANITAS, e também na GRIPINA, formulada pelo Dr. Alberto Seabra. Trabalho realizado em parceria com o alemão Cristiano Frederico Samuel Hahnemann; que defendia a teoria da força vital, imaterial e dinâmica em busca do equilíbrio do corpo físico e o espiritual, entre outros segredos da mente.

Não existem muitas informações destes medicamentos, onde a gente possa basear com mais segurança nossos entendimentos a respeito, mas procuramos trazer à tona o melhor, para que você que está lendo este artigo, tire suas conclusões do nosso sistema de saúde.

> "Entendendo que não houve a predominância em 1918, de uma prática oficial ou de uma prática popular, no ápice da epidemia as duas falas tornaram-se aliadas para o tratamento da população".
>
> Bertolli Filho

Bertolli Filho entendeu que as duas versões de tratamentos seriam viáveis naquele momento de sofrimento; como a medicina clínica não dava uma resposta convincente, melhor seria deixar a população apelar pelo tratamento alternativo, sem comprovação científica; até os benzedeiros e as simpatias eram aceitas.

Como a gripe se desenvolveu num período de guerra mundial, 1918 a 1919, os países que participavam da guerra não permitiam a divulgação da pandemia, para não prejudicar o desempenho da guerra. Considera-se, como ponto de origem, Estados Unidos ou China.

A Espanha, no entanto, não participou da guerra, ficou neutra, e sua imprensa não deixou por menos, divulgou as notícias sobre a gripe.

A explicação sobre o animal transmissor da influenza espanhola não foi muito clara. Acham que pode ter sido transmitida pelas aves, porém pode ter sido originada por outro animal qualquer. Mas para governos e organizações mundiais que controlam eventos que possam afetar os povos, necessitam de controle mais eficaz, de modo que todos tenham em mãos meios para eventuais combates.

> "Na memória dos contemporâneos da epidemia de influenza espanhola, obtemos informações mais precisas sobre os remédios populares. A partir daí percebemos a grande ascensão que teve a medicina popular naquele ano para o tratamento da doença de gripe:
> Foi uma gripe tão agressiva que já não davam conta de fazer remédios. Só limão. Numa certa hora acabaram também os limões em São Paulo. Eu comia pouco, só tomava água com limão".
> (BOSI apud BERTOLLI FILHO: 1986, p. 159)

Por esta razão, em 1948, foi criada a Liga das Nações, uma entidade que deu origem à ONU, em reunião dos diplomatas na época.

Foi criada no meio de uma guerra mundial. O mundo começa a ser monitorado, portanto, por meio de um órgão que inspeciona a expansão virótica.

E passa a cobrar controle dos estados e providências quanto aos meios de frear a contaminação da população; seguindo um protocolo editado pela ONU. Confinamento das pessoas em casa, uso de máscaras, higienização das mãos e o distanciamento social, além da conscientização social, uma das tarefas mais estressantes em virtude dos desníveis educacionais e culturais de um povo. Sempre que um povo não se desenvolve, homogeneamente, seu entendimento cultural fica em desequilíbrio. Esta desigualdade educacional e cultural faz com que desigualem os pensamentos para com a forma de entendimento.

Uma travessia de desigualdade, sem cultura e uma educação que fortaleça o entendimento de todos, dificilmente combate com segurança uma pandemia.

O orgulho em uma guerra ultrapassa os limites de sensibilidade humana, os comandantes não permitiam a divulgação por puro interesse do êxito na guerra, seus soldados não poderiam deixar-se abater, mesmo estando infectados. Há de deslumbrar no final, mesmo que o material humano esteja em desvantagem.

Como sempre, os interesses econômicos, políticos e sociais estão acima dos interesses em defesa à vida. Isso não é de hoje, desde os velhos tempos, lá no velho mundo, Egito como nós vemos foi palco de epidemias; como espanaremos as 10 maiores pragas, que assolaram os campos, os animais, e os inocentes, que lamentavelmente, não deveriam pagar pelo erro dos verdadeiros responsáveis.

Se retornarmos um pouco mais, vemos que a Peste Justiniana (541-542) matou 25 milhões de pessoas; a Peste Negra (1346-1453) matou entre 75 a 200 milhões de pessoas, atingiu os continentes: europeu, asiático e africano, a Cólera (1852-1860) se originou na Índia e se espalhou pelo planeta, considerada a mais letal de todos os tempos.

A gripe espanhola devastou e assolou a terra, deixando um rastro de mortes. Teve o soldado Albert Gitchell como ponto de partida na contaminação. Foi internado com sintomas de gripe, numa enfermaria em 11/03/18, a transmissão foi muito rápida, infectando um grande número de soldados.

Esta gripe teve como consequência uma mortandade de aproximadamente 50 milhões de vidas.

Aqui no Brasil, a gripe chegou em 1918, assustando e matando, causando uma mortandade de 35 mil.

O país mais afetado na época foi a Índia, que registrou 18 milhões de mortos, para época, um alto índice de perdas.

O número de infectados pelo mundo foi de 2/3 da população mundial, naquela época, chegando a 500 milhões de infectados, em todo o planeta.

"Desconhecido o agente causador da doença de gripe, a solução foi à utilização de uma profilaxia individual e sintomática, constituindo assim uma terapêutica heterogênea" (GOULART: 2005, p. 112), até mesmo a aguardente tornou-se medicamento bastante utilizado como preventivo da moléstia.

Fazendo uma retrospectiva, chegamos nos tempos históricos do Velho Egito, onde fora castigado por endemias, epidemias e pandemias. As chamadas pragas faraônicas, em represália à perseguição dos hebreus.

A primeira delas foi a catástrofe do Rio Nilo, suas águas transformadas em sangue, matando todos os peixes. (Ex. 7.14-25). Mesmo assim, Faraó continuou ignorando a promessa; negando a liberação dos hebreus a Moisés e Arão.

O apelo para que Faraó liberasse os hebreus, para o trajeto orientado por Moisés ao deserto, em direção à terra prometida.

Um outro grande apelo de Moisés não atendido pelo Faraó teve como consequência a praga das rãs. Ex. 8:1. Uma grande perturbação social para o Faraó, e mesmo assim, continuou irredutível.

Deus, desde a criação, se preocupou em dar lições de disciplina à sua imagem e semelhança. Desde o momento em que Adão o desobedeceu, sua maior preocupação foi dar uma resposta aos comportamentos pecaminosos da sua maior criação.

Desenvolveu desde este momento um sistema sinergético onde sempre procurou associar conselhos divinos e entendimento da criação humana.

Piolhos foi outra praga em que Deus procurou fazer com que o Faraó se sensibilizasse e desse a liberdade aos hebreus, desvinculando-os de seu cativeiro e passassem ao movimento no deserto, orientado por Arão e Moisés, missão dura para este escolhido. Ex. 8:16.

Permanecendo em sua dureza de coração, Deus manda as moscas. Ex. 8:21.

E mesmo assim, não entendeu a profecia, em relação à liberação dos hebreus. A profecia chegava e não havia o entendimento e o povo permanecia refém. E não havendo sensibilidade por parte do Faraó, veio sobre ele e seu belíssimo Egito outra praga, ou outra epidemia, poderíamos dizer assim: a morte dos animais, que acabaram pagando o preço pelo erro humano. E mesmo assim, continuou escravizando os hebreus, por pura vaidade autoritária. Ex. 9:3.

Tumores e úlceras, você pode imaginar esse sofrimento? Tem para você mensuração no campo das dores? Pois bem... Deus não pode deixar de ferir inocentes, para que Faraó pudesse mais uma vez refletir sobre sua própria vida, refletir que Deus o poupava, atingindo pessoas vulneráveis, no intuito da liberação dos hebreus. Ex. 9:9. Tudo está devidamente registrado e catalogado no livro da Vida. Aí, Deus continuou agindo junto a Moisés e Arão, trabalhando em cima de um comportamento duro, coração insensível.

Moisés, mais uma vez, foi autorizado por Deus a apontar seu cajado para o Egito e fazer chover granizo, destruindo toda a terra e todos os animais. Mesmo assim, não alcançou o objetivo. Não houve a liberação do povo hebreu. Ex. 9:18

Mas, Deus continuou tentando disciplinar Faraó, desta vez, mandando uma grande nuvem de gafanhotos. Moisés e Arão negociaram novamente a libertação de seu povo, os hebreus, e não havendo resposta positiva, Faraó e o Egito foram duramente castigados com nuvens de gafanhotos, por toda sua extensão territorial. Dessa vez, uma tomada de decisão mais dura em cima das autoridades, dando uma desestabilizada a todo o sistema organizacional do Egito. Ex. 10:5.

As trevas vieram por três dias, somente sobre o povo egípcio em que não conseguiam ver um ao outro nesse período. Enquanto o povo hebreu, por sua vez, se viam face a face, eles não tiveram nenhuma intervenção da luz, todas as residências estavam iluminadas. Ex. 10:23.

Mas o coração do Faraó continuou endurecido; não conseguindo sensibilizar, Deus teve que ser mais duro, ainda.

Moisés anunciou, assim, a décima praga do Egito, e seu povo totalmente expulso, beneficiados com presentes de ouro e prata, por volta da meia-noite, em acordo firmado perante o Senhor, Moisés levou seu povo com segurança, deixando um rastro de morte de primogênitos, tanto junto ao trono de Faraó, quanto por todo o Egito, das servas e inclusive dos animais.

Inocentes, portanto, pagam muito caro pelo coração endurecido e um governo insensível aos gritos de justiça, praticados pelo prazer de ser vaidoso e arrogante. Ex. 11:1-4. Graças a Deus.

Triste travessia egípcia, mas o povo de Israel seguiu com a direção de um grande navegador: Moisés.

Sinergia e empatia

Iniciamos aqui uma abordagem mais geral, de modo que nosso trabalho não seja cansativo, e nossa exposição didática seja compreendida e apreciada pelos nossos leitores, de forma sucinta e agradável aos ouvidos.

Trabalharemos, a partir deste ponto, a Sinergia, palavra de origem grega, formada de syn (junto ao mesmo tempo) e érgon (trabalho), que nos dá uma visão abrangente, na associação dos órgãos de um corpo, ou dentro de uma organização corporativa, uma interação dentro de seu sistema administrativo, onde pode produzir a satisfação, que se torne agradável a todos.

A sinergia é considerada por muitos uma ferramenta de trabalho conjunto, no sistema, mesmo que complexa, ela dá soluções capazes para se tomar decisões, cortar gorduras e até alcançar objetivos, o que beneficiará a todo o sistema de saúde organizacional. A sinergia unida à empatia fortalece os músculos e tendões de uma organização.

Quando há dentro do corporativismo um trabalho direcionado, sem discriminar etapas no organograma, a engrenagem anda com mais desenvoltura; a mão que está no topo deve se ligar à mão que está na base.

A mesma coisa que pode ocorrer em um corpo tratado por uma equipe médica, onde entrelaçam as diversas esteiras de atividades para a recuperação de órgãos: os médicos determinam o que tem de ser feito, colocam uma equipe toda praticando sinergia e há uma recuperação dos órgãos afetados, atingindo um nível de satisfação, para o paciente e para toda a equipe.

A empatia é outra palavra de origem grega (empátheia), que terá seu lugar de destaque neste trabalho, onde tentaremos mostrar a sua colaboração, colocando-se a vida de um em paralelo ao outro.

Nesta abordagem, gostaria de registrar algo de desobediência humana, o que poderia ser aparado pelos cuidados necessários, na contenção dos avanços de uma doença. A primeira precaução é o uso dos equipamentos de segurança. Em pandemia não devemos nos relaxar, todo cuidado é pouco, na prevenção e na transmissão virótica. Infelizmente, dentro deste contexto, deixamos a desejar pela vaidade.

Nosso trabalho tem por objetivo dar notas de esclarecimentos sobre as doenças sociais, não como cientistas, mas como cidadão comum, espanando trabalhos científicos de conscientização humana.

Falo aqui, portanto, de uma doença que, também, assolou a terra, destruindo vidas, por onde passou.

A peste negra, que se alastrou no período medieval, originou-se no continente asiático, principalmente na China, por conta da travessia comercial de bens de consumo, corredor de grande influência comercial na época.

Teve origem por picadas de pulgas e se propagou por via aérea, por meio de espirros e gotículas. Portanto, os mesmos sintomas de todas as doenças que afetam o sistema respiratório.

Os judeus entram nesta história como sendo um povo responsável pela transmissão, por ser um povo nômade, acostumados a mascatear pelos continentes.

Essa doença provoca grandes manchas na pele e inchaços, os "bubões", o que dá origem a também conhecida peste bubônica. Vitimou pelo mundo todo milhões de vidas. Falamos também de outras doenças como o ebola.

O Ebola, uma doença que não se espalhou pelo mundo, ainda, está retida no continente africano; nestes países tem deixado um rastro de óbitos. Não chegou ao Brasil, porém, não se pode duvidar. Portanto, tudo que for informado para efeito preventivo deve ser feito enquanto há tempo.

Na nossa busca, deparamos com um trabalho no Brasil realizado por um grande hospital, e sua equipe cientifica: o São Luiz. Procurei localizar outros centros científicos, não consegui muita informação. Como doença viral pode, sim, um dia se espalhar pelo mundo, fazendo suas vítimas. E será que já temos alguma providência sendo tomada para o dia que chegar aqui, e não tenhamos surpresas?

Esta é a questão...

O Ebola não aparenta ser tão agressivo como o pandêmico atual; porém, é um vírus perigoso. É um vírus que pode ser adquirido através do contato com o sangue ou outros fluidos biológicos. A transmissão via aérea não foi até o momento documentada em ambiente natural. No entanto, não deixa de ser um vírus altamente perigoso, exigindo muito cuidado. Sua origem tem uma coincidência com os demais: a maioria tem transmissão através do morcego. Razão porque o mundo deve ter atenção especial contra a doença.

Você sabia que a obesidade é considerada pandemia? Pois é... a partir dos anos 1980, começou a trazer preocupações sérias para o SUS em relação ao encaixe dentro do orçamento de tratamentos não previstos com as doenças preexistentes. A diabetes é uma destas doenças, com crescimento entre os obesos num ritmo muito acelerado. Causa tantos danos como o nosso desconhecido da Covid-19. Só que já nos adaptamos, nos tornando relaxados.

O ser humano se adapta ao ambiente, correto? Quando a gente olha para os polos, nós que estamos acostumados a temperatura alta, pensamos como pode viver num lugar tão frio? Só tem gelo por todos os lados, o sol quando reflete, a claridade é tamanha que não conseguimos olhar sem a proteção de óculos de sol, e os animais que vivem ali não estranham; não sentem frio e nem acham que a claridade está acima ou abaixo do que se pode suportar.

Assim é nossa adaptação com respeito as pandemias, epidemias e catástrofes.

Não foi assim com as doenças que ao longo dos anos temos enfrentado? Vamos então falar da obesidade.

Desde os anos 1980, começamos a perceber as lojas de lanches se instalando onde haviam movimentos de pessoas com muita pressa; foram ampliando suas atividades, e, hoje vemos que elas se tornaram as princesinhas das praças de alimentações dos Shoppings Centers. Há uma preferência exagerada pelas crianças aos "fast food"; e seus pais embarcam nesta canoa furada, viciando seus filhos ao consumo exagerado dos chamados "lanches", vilões da obesidade. Custa mais caro comer um desses alimentos vilões, do que comer um prato saudável, com arroz, feijão, um bom bife, salada; normalmente de boa qualidade, que está ali ao lado, na mesma praça.

Esta doença é tão covarde que traz uma série de outras doenças. As causas são preocupantes, acarretam com isso, nos primeiros momentos, as chamadas doenças da alma: perda de autoestima, uma diminuição da energia, não tem prazer de realizar suas atividades corriqueiras, por exemplo lavar uma louça e limpar a pia, varrer a casa, limpar o banheiro, fazer uma comida diferente, se maquiar, ou simplesmente trocar uma roupa mais apresentável. Aparecem do nada tristeza, ansiedade, irritabilidade, impotência, raiva, sentimentos de frustrações, isolamento, chegando ao estado de fobia e muita vergonha.

Hoje quando você pretende fazer um plano de saúde, uma das maiores preocupações das operadoras é verificar as doenças preexistentes. Um questionário imenso para ser respondido. Respondido este questionário, vai para a tabela do plano, nem sempre se leva em consideração as faixas etárias, mas, as respostas do questionário, dependendo das doenças do cliente, as plataformas colocam em balança o futuro. E torna-se pesado para o cliente, elevando suas despesas, e nem sempre podendo arcar com os custos, para manter seu padrão de vida em níveis aceitáveis de qualidade.

Ebola

O que é ebola?

> "Ebola é uma doença que também pode ser chamada de Febre Hemorrágica Ebola ou de doença por vírus ebola, sendo que ela possui altas taxas de letalidade e é capaz de levar um indivíduo ao óbito ou deixá-lo com severas sequelas.
> Atualmente, existem quatro variedades do vírus ebola que são capazes de causar sintomas diversos. Ainda não houve casos de ebola no Brasil, uma doença comum na África subsaariana e que pode ser trazida para cá por meio de indivíduos que viajaram até a região".
>
> Fonte: REDE DO'R SÃO LUIZ

> "É uma doença grave e muitas vezes fatal, com uma taxa de letalidade de até 90%, segundo dados da Organização

Mundial de Saúde (OMS). O ebola é transmitido pelo contato direto com o sangue, fluidos corporais e tecidos de animais ou pessoas infectadas. Pacientes gravemente doentes requerem tratamento de suporte intensivo. Durante um surto, aqueles com maior risco de infecção são os profissionais de saúde, familiares e outras pessoas em contato próximo com pessoas doentes e pacientes falecidos".

Fonte: MINHAVIDA

O voluntariado

Dentro deste contexto, quero salientar os gritos de dor ecoando pelo espaço, gritos que às vezes não são percebidos, todavia, se você colocar seus ouvidos à disposição para ouvir e tomar iniciativa, num sentido voluntário e solidário ao próximo, muito se pode fazer levando seu afago amigo.

Esta expressão de carinho, partindo voluntariamente de um familiar ou não, deixa o nosso semelhante muito mais confiante.

Este comportamento, dentro da visão deste trabalho, tem como objetivo o uso da sinergia e empatia, para um bom desempenho nos tratamentos às doenças e o respeito à vida.

O voluntário normalmente incorpora para si as dores do outro; isto para que possa ser entendido pelo seu subconsciente o que passa naquele corpo. Entendido esta situação, a iniciativa é imediata, a gente passa a agir como se fosse o próprio doente; empatia, a partir deste entendimento o voluntário trabalha seus sentimentos, humanizando aquele corpo. Isto é sinergia, a troca de sensibilidade amorosa.

O Voluntariado Emílio Ribas – VER, uma organização criada pelo amor ao próximo dentro de um hospital público de São Paulo, dirigido por uma médica, Dra. Glória, que jamais mediu sacrifício para dar ao paciente o conforto amoroso, espiritual e humanizando. Esta ONG, criada para o atendimento ao doente no intuito de quebrar o vínculo com a depressão, é uma organização que ampliou suas atividades dentro do hospital, se tornando uma peça essencial no combate às doenças da alma.

Hoje, saindo de dentro das dependências do hospital, indo para as ruas e cuidando de uma grande parcela da sociedade paulista; moradores de rua, favelas e outras comunidades, dedicando-se às pessoas carentes, distribuindo leite em pó e roupas, cobertores e outros adendos; ajudando na nutrição de crianças carentes e dos adultos que lhes deram a vida.

Com muito orgulho cito este trabalho, por fazer parte dele, um trabalho dirigido pela força da fé, que sai da alma de cada pessoa que se prontifica a ajudar; pela esperança de ver um dia uma sociedade mais igualitária; e pelo amor que transforma as pessoas de frágeis em gigantes diante dos desafios.

Aliviam com esta atitude o eco dos gritos...

- O grito pode ecoar por socorro imediato, é aquele primeiro momento em que o indivíduo toma conhecimento de seu estado de debilitação, não conseguindo sozinho responder aos reflexos do seu próprio organismo. Neste momento entra em ação o voluntário, principalmente, se este paciente não tiver familiares por perto, este elemento, guiado por uma força cristã, abraça a causa, abafando o grito de dor com carinho e afago. Pratica-se, assim, a humanização SUS, criado em 2003. Esta política tem como objetivo melhorar o Sistema Único de Saúde.

Vemos com muita preocupação a atuação das administrações públicas da saúde, que parecem ter esquecido do objetivo do (PNH).

- O grito por uma solução imediata, apelo aos poderes públicos, que são os órgãos competentes, financiados pelos nossos impostos, já numa tentativa de conter a dor a todos os que estão sofrendo.

No caso virótico do momento, não há solução imediata, veio do nada, entrou em nossas vidas do nada, agrediu com tamanha crueldade as nossas defesas, e não tem o antídoto necessário para o combate.

- O grito por conscientização; abrange as campanhas preventivas do Ministério da Saúde e as secretarias estaduais e municipais, na frenética corrida contra o tempo, na expectativa de uma barreira de contenção dos avanços, deixando de ter aspecto de epidemia e avançando para um patamar maior, a pandemia. E nesse momento aquele apelo aos políticos que recebem recursos para atendimento à sociedade.

É onde se depositam os recursos com a finalidade de beneficiar os que necessitam. E eticamente, entregam aos cidadãos seus direitos que o estado propõe em troca do que se recebe dos contribuintes.

> "A humanização é um processo simples e ao mesmo tempo bastante complexo, já que envolve mudanças comportamentais, assim, a importância da comunicação entre os profissionais é de extrema importância para um cuidado humanizado"
>
> Iago Estéfano Brito da Silva Inserida por **IagoBrito**

As famílias com pessoas depressivas em casa, normalmente, não acreditam na agressividade da doença e se estressam com facilidade, e o doente sente se acuado, sem reação.

Com as mães e donas de casa trabalhando fora de casa também para compor a renda, as famílias modernas não estão preparadas para lidar com doenças, por menos agressivas que sejam. Não há como deixar suas obrigações e dedicar-se em tempo integral ao cuidado dos familiares.

Há alguns anos, tive uma grande preocupação com uma pessoa da base de uma família, que perdendo sua condição de realizar suas obrigações, foi colocada em uma cama sem conforto, sem condições de se cuidar, nem mesmo para se deslocar de sua cama para tomar um banho, ou mesmo para fazer suas necessidades fisiológicas. Fiquei sem chão quando vi aquela pessoa, e não tinha muito o que fazer; estava eu vivendo naquele momento a saída da adolescência, estava me tornando adulto, mas não tinha iniciativa adulta. Consultei um vizinho desta família e pedi conselhos de como deveria proceder; este vizinho propôs me ajudar: emprestou seu carro e me ajudou levar esta pessoa para um hospital.

E agora? Perguntei a mim mesmo. Naquele momento não sabia o que fazer assumindo a responsabilidade de cuidar de uma pessoa tão doente. Minha iniciativa foi de visitá-la, e acompanhar seus boletins médicos.

Um dia cheguei para a visita e o médico me chamou para um canto e começou a me explicar o que se passava com aquela pessoa; ela estava com câncer e em estado terminal. Mais uma vez estava eu tentando encontrar uma saída.

Levantei a cabeça, como não tinha emprego, vivia de fazer alguns bicos para sobreviver. Trabalhei com um senhor em um vilarejo, onde me deu abrigo, um quarto para morar, naquele quartinho eu poderia cuidar daquela pessoa. Fazer com que ela não se sentisse sozinha.

Esta pessoa ficou comigo naquele quarto e veio a falecer. Cuidei do enterro e agradeci aquele senhor que foi quase um anjo para mim e parti sem destino...

Abracei o voluntariado como se fosse profissão. Ser voluntário, cuidando de pessoas para que possam sorrir, por sentir que alguém do seu lado está se preocupando com elas.

Considero o voluntariado um ministério, por isso me dedico com muito prazer, desde os meus 18 ou 20 anos, praticando este trabalho sem olhar a situação socioeconômica. Se os seres vivos precisarem de ajuda, independente de ser uma pessoa ou um animal qualquer, devemos ajudá-los.

Moral da história... às vezes temos que dispensar as oportunidades que temos para vivermos as alegrias da vida e nos dedicarmos ao que Deus nos reservou, mesmo não nos proporcionando vaidades.

- O grito em relação ao todo. Os demais continentes já estão em alerta para uma prevenção mais efetiva, no sentido de controle geral; momento em que a OMS normalmente entra em ação.

A partir de agora, nós estaremos reféns do vírus, assim como somos reféns do H1N1, Febre Amarela, Malária, do Sarampo, que continuam fazendo suas vítimas, se não tomarmos os cuidados necessários. Temos que criar hábitos de proteção. Hoje o uso de máscaras, o hábito do uso do álcool em gel e o distanciamento social são os principais recursos para frear o crescimento da pandemia.

Os danos pandêmicos são devastadores, atingem outros campos da sociedade, onde antes ninguém faria ideia da relação. Imagina a relação trabalhista, quem depende do emprego para viver, esbarra na desconfiança e na segurança de permanecer empregado, isto no seu subconsciente dramatiza parte da sua relação familiar.

A relação família e escola. O drama é grande para as famílias que têm seus filhos matriculados, principalmente os mais vulneráveis, as crianças que não conseguem interpretar o que está acontecendo.

Esta relação numa época pandêmica afeta também os alunos que estão em um nível acima, são prejudicados com os exames que lhes dão acesso aos cursos superiores. Tivemos um exemplo muito claro com a aplicação do ENEM, em 2021, muitos estudantes tiveram prejuízos que jamais serão recuperados. Grande parte destes alunos perderam a oportunidade de entrar em uma faculdade, o que os deixará frustrados por um bom período, abalando seus ânimos.

Para um país como o nosso e os circunvizinhos, este choque pandêmico caracteriza um prejuízo muito grande. Nosso histórico já não é dos melhores em termos educacionais, deixando, portanto, um déficit muito grande para os nossos jovens, que estão em busca de um preparo melhor.

O lado bom de tudo isso: aprendemos a buscar soluções. Quando enfrentamos uma guerra, normalmente, passamos a agir com mais independência, corremos atrás da sobrevivência sem contar com a ajuda daqueles que aparentemente nos dão segurança.

Podemos considerar que a pandemia não afeta somente a saúde física, mas a saúde social como um todo.

Pandemia é uma guerra declarada a todos, sem distinção de nível social. Esta guerra declarada por um vírus zoonótico, o mais perigoso e letal de todos os tempos, atinge socialmente a todos nós, de maneira cruel. Somos vítimas, todos os países do mundo, sem distinção.

Esta triste travessia é um obstáculo mundial, e quem acha que o governo brasileiro é culpado, julgando-o e condenando-o, está enganado em seu julgamento; mas, é um direito seu atirar pedra.

Origem do vírus – Covid-19

> A pandemia é o fenômeno mais aterrorizante do nosso século, acho que não é nenhum exagero quando fazemos esta colocação.
>
> "Li Wenliang, oftalmologista do nosso hospital, infelizmente infectado na luta contra a epidemia do novo coronavírus, (...) morreu às 2h58 de 7 de fevereiro de 2020 (1h58 de 6 de fevereiro no horário de Brasília). Lamentamos profundamente", diz trecho da nota divulgada pelo hospital.
>
> Li Wenliang é apontado como um dos primeiros a identificar a existência do surto do novo coronavírus e alertar as autoridades. O médico de 34 anos foi um dos oito médicos que a polícia chinesa investigou sob acusação de "espalhar boatos" relacionados ao surto. Ele era casado e tinha uma filha de cinco anos".
>
> Fonte: CIÊNCIAS E SAÚDE

O texto não deixa dúvida quanto à origem do vírus, ou melhor a suspeita, pois como sua origem tem a ver com o morcego, ele pode não ter sua origem na cidade de Wuhan, mas em outro local dentro da China. Houve infelizmente omissão por parte do governo da China e a preventiva no Hospital Geral da cidade de Wuhan.

A cidade de Wuhan, epicentro deste episódio, tem como avalista o governo com apoio comunista; porém, deixo aqui meu respeito ao povo chinês, com suas dedicações, aos direitos de produzir, manter seu povo e sua cultura, preservando a integridade de sua enorme população.

Respeitamos o povo chinês pelo empenho empresarial, concentrando-se na produção dos eletrônicos com eficiência sensacional, além do foco, mantendo o mundo abastecido de diversões, de insumos com alta tecnologia; facilitando nossa vida no dia a dia. Este povo persistente que não se abala com os rumores.

A nação chinesa, que nos anos 1960/1970 era uma nação quase essencialmente agrícola, evoluiu no campo tecnológico, com uma vocação imensa de produção de eletrônicos, se tornando o maior fabricante de equipamentos eletrônicos e congêneres.

Merecidamente, galga seu lugar de segunda economia mundial, representa todo o continente asiático, e conquista cada vez mais espaços pelos demais continentes. Não se pode dizer que são culpados, ou não culpados pelo avanço da pandemia, mas posso contestá-los.

O vírus desrespeita as fronteiras, invade nações, invade os lares e ancora nos pulmões deixando uma sensação de perda, agoniza o corpo, confunde a mente e asfixia até a morte com crueldade.

Poupou a capital Pequim, não sabemos muito bem o porquê, porque está muito próxima da cidade de Wuhan, atravessou o oceano, ferindo a Itália e seu povo sem chance de defesa, ceifou vidas e deixou os italianos sem chão.

Na Espanha, não pediu licença e nem autorização na embaixada chinesa, simplesmente matou espanhóis e italianos, num ritmo sem precedentes. Confinou todos os habitantes das terras italianas e espanholas; tomou posse destes dois territórios, destruiu a imunidade das duas nações, confinou a todos. A maioria dos idosos foram despachados antes do tempo de Deus.

Chegou às Américas e fragilizou a maior economia do mundo. Mandou o povo norte-americano para o confinamento, feriu sua ética e moral, forçando-os a se ajoelhar diante do vírus chinês mais cruel de todos os tempos.

Obediência ao Rei. Se quiseres amenizar essa louca situação, mandaremos equipamentos de segurança preventiva para seu povo a preço de ouro. Você é, a partir de agora, nosso refém, peça o que quiser e venderemos ao preço que quisermos taxar.

Desestabilizou a maior economia do mundo, desestabilizou a estrutura política dos EUA, criou, em cima da tragédia dos outros países, esperança de crescimento, e o conseguiu, em pleno período pandêmico. E seu produto interno bruto cresceu, enquanto os demais desabaram, enquanto se trabalhava para conter o vírus, os únicos que poderiam atender as necessidades preventivas dos povos seriam eles...

Não esqueçamos: quando se trata de pandemia, constantemente estamos vivendo o episódio em nosso país: a malária continua aí, e cremos que continuará afetando nossa gente e nosso meio ambiente. Temos muito para aprender no combate às epidemias e pandemias.

O Lúpus é uma doença que tem sido combatida há anos e, muitas vezes, não a levamos em consideração por ser suportável e por conseguirmos controlá-la paliativamente.

Quanto à depressão, se houvesse um empenho por parte das Secretarias de Saúde, para identificar as pessoas depressivas, conseguiríamos enxergar mais claramente que esta doença mata tanto quanto a Covid-19. No entanto, a depressão, uma doença da alma, é considerada muitas vezes como frescura e não damos a devido atenção, e assim ela continua fazendo suas vítimas.

Outra relação que devemos levar em consideração é a relação com esporte e lazer. Nesse período tivemos um afastamento das áreas esportivas e lazeres, nunca visto antes. O futebol foi o esporte mais prejudicado, como esporte mais preferido dos torcedores, o prejuízo foi muito grande. Mas todas as modalidades perderam espaço para o vírus.

Os parques, onde as famílias tinham o privilégio de levar os filhos para brincarem nos dias de folga, fecharam as portas. Os restaurantes, uma das alternativas de reunião de família, também, fecharam as portas e mais uma vez, ficamos a ver navios.

Os circos, uma tradição do mundo inteiro, baixaram as lonas e seus funcionários foram tentar vender água nos faróis, tiveram que trocar o malabarismo dos picadeiros pelas ruas, na tentativa de sobrevivência. Uma triste realidade para a arte mais popular do mundo.

Fundamentos e não fundamentos

De início tivemos várias abordagens, fundamentadas cientificamente, conseguimos absorver por parte do Ministério da Saúde e também pela OMS alguns recados satisfatórios, que nos animavam quanto ao controle.

Na época estava como ministro da Saúde o Sr. Luiz Henrique Mandetta, e como todos sabem, até aquele momento, não poderíamos contar com vacina alguma, tudo não passava de ansiedade e expectativas, tudo era incerteza. O governador paulista, de olho na campanha presidencial de 2022, e o presidente, um grande fanfarrão, que ria da situação, porque como milico sabia que até aquele momento só tínhamos no mercado os poucos remédios conhecidos de nossas vovós, no combate aos vermes e fortalecimento imunológico com complexo vitamínico. E o Sr. Mandetta, com sua famosa frase: “FICA EM

CASA", ortopedista, acostumado a engessar pernas quebradas, não teve a ousadia de autorizar aviamento das receitas para o tratamento preventivo, além de disparar críticas ao seu comandante, e aos seus sucessores, simplesmente no intuito de desmoralizar as instituições, enfraquecendo as tomadas de decisões governamentais, e, infelizmente, como temos um STF voltado às correntes políticas do passado, tivemos medidas tomadas por esta cúpula política desagradáveis, em tempos de pandemia. Com esta rivalidade política, deixaram chegar ao estrangulamento. Hoje depois de esgotar todos os argumentos, estamos pagando, e muito caro, pelos anseios políticos, e pelos descasos de outros. Isto quase um ano depois, começa a chegar ao mercado, timidamente, lotes humildes de vacinas, ainda aprovadas sem todas as especificações técnicas.

> "O oncologista e empresário do setor da saúde Nelson Luiz Sperle Teich foi o escolhido para assumir o lugar de Luiz Henrique Mandetta (DEM-MS) como ministro da Saúde. Ele se reuniu nesta quinta-feira (16/04), no Palácio do Planalto, com o presidente Jair Bolsonaro (sem partido), antes do anúncio da demissão de Mandetta".

Tivemos, portanto, uma substituição tímida de ministro, trazendo os mesmos medos do anterior e que não esboçou nenhum interesse em assumir sua postura médica, como oncologista, nos aviamentos das receitas, para conter o crescimento da doença. Ficou, assim, a palavra de um presidente contra a palavra de ministros fracos, que pareciam mais um robozinho, comandados por dúvidas, sendo que um médico de verdade tomaria decisões rápidas e o Brasil não teria chegado ao que chegou.

Mas respeitando o que foi dito lá atrás, por um juiz, que depositamos nossas fichas nele, quando comandou a Lava a Jato, sua preocupação estava na biografia, e sentimos o mesmo com os ministros. Jogaram a bucha na mão do Sr. Eduardo Pazuello, quando o balde já havia entornado. Trabalha com alinhamento correto, ajustando a logística e os médicos usando os receituários para aviarem os medicamentos existentes no mercado, alguns com quase cem anos de uso.

E a vacina continua aí, sendo elaborada para o futuro. O mundo em pânico, e o presidente é o culpado, mesmo porque: o Sr. Presidente cometeu um grande erro segundo os grandes veículos de comunicação, ser amigo da família Trump. Os Estados Unidos estão enfrentando problemas muito maiores que os nossos, uma pátria americana, com uma consciência democrática centenária, portanto quando se compara os acontecimentos, só podemos lamentar.

Concordo que o presidente cometeu seus erros, assim como os governos anteriores; mas e daí? O que importa é a sociedade mobilizar e trabalhar para que não tenhamos maiores problemas. Se todos derem sua parcela de colaboração, sairemos vitoriosos, juntos. Não é esse ou aquele. Não abandone sua pátria simplesmente porque o Jair e o Dória estão brigando... somos todos brasileiros interessados num Brasil forte economicamente, com boa saúde, boa educação, boa economia, boa segurança, e acima de tudo: uma sociedade bem-sucedida. Tente entender que o mundo está em pânico; somos todos responsáveis pelas grandes catástrofes que vêm acontecendo. Se existe um único culpado para você, que atire a primeira pedra.

Lamentamos pelas vidas perdidas, por pura vaidade política, quando se percebe um comportamento desta natureza, amarga nosso coração.

> "O ex-ministro da Saúde, Luiz Henrique Mandetta, criticou a rivalidade entre o governo de São Paulo e o governo federal na corrida pelas vacinas contra a Covid-19. Para Mandetta, que assumiu o cargo até abril de 2020, o atual ministro da Saúde, Eduardo Pazuello, foi "patético" ao criticar o início da vacinação em São Paulo".
>
> Fonte: UNIFIMED/SAÚDE.

Esta coisa da política moderna, que não está preocupada com a ética e aético, nem tão pouco com a moral e o civismo.

Para Aristóteles, esta filosofia traria felicidade humana.

> "Na filosofia aristotélica a Política é a ciência que tem por objetivo a felicidade humana e divide-se em ética (que se preocupa com a felicidade individual do homem na pólis) e na política propriamente dita (que se preocupa com a felicidade coletiva da pólis)".
>
> Fonte: PUC.

E, lamentavelmente, nos dias modernos, a ética desapareceu da política e da moral, deixou de ser cívica.

Portanto, se fôssemos esperar dos nossos políticos esta felicidade, estaríamos perdidos.

A partir dos acontecimentos, começaram uma avalanche de notícias não fundamentadas, trazendo um grande terror à população acostumada com as redes sociais, porém, com uma absorção de entendimentos rudimentares. Transformando a cabeça de muitos em um verdadeiro emaranhado sem definição.

Muitos se prejudicaram com isto, porque passaram a não mais acreditar no que era verdade, ficando desiludidos com a possibilidade de livramento ao ver os picos mais críticos da doença, praticando o uso de medicamentos alternativos, ou preventivos, conforme gostam de dizer. Sem comprovação científica, como muitos dizem, pelo simples prazer de serem do contra.

Como todos sabem, as forças armadas têm, em sua bagagem, medicamentos das nossas vovós, que em uma situação de guerra podem fazer a diferença.

Conta-se que em um grupo de soldados do exército, em uma missão, um soldado se acidentou e os companheiros ficaram apavorados porque precisavam de sangue para o soldado. Como conseguir sangue numa região que nem havia possibilidade de ter hospital por perto? O comandante tomou a iniciativa, abriu um coco, encheu a seringa de água de coco, injetou nas veias do soldado, salvando-o da morte, e o levando para fora da floresta onde recebeu os tratamentos.

Numa situação emergencial trata-se com o que há disponível. Vários países nesta pandemia não foram em busca do improvável, vacina e medicamentos indicados cientificamente; foram atrás do mais simples, e sua população não foi ao estrangulamento, como o estamos vivendo, hoje no Brasil.

A dor na alma de quem contrai o vírus

No âmbito da saúde pública, recai sobre o paciente todo um pessimismo, devido ao descaso das autoridades que administram um complexo projeto.

Os profissionais de saúde que trabalham nas Unidades de Pronto Atendimento à Saúde, UPAS, são tão vítimas quantos os pacientes. Lamento registrar isto, pois sempre defendi o SUS, sempre tive vontade de ver esta organização prosperar e atender todos os brasileiros, mas, infelizmente vemos os profissionais trabalhando sem recursos, correndo os mais diversos riscos de contaminação. Fora a falta de medicamentos para atender o mínimo no atendimento; os recursos disponibilizados para estes atendimentos não atingem a demanda. Por esta razão, temos que reconhecer: se os brasileiros puderem pagar um plano de saúde, saem no lucro. Registro abaixo o atendimento de um plano, o qual salvou uma vida, ou melhor várias vidas; pois o que vou mostrar é um exemplo da forma como são atendidos os pacientes de um plano idôneo.

07/01/21, tomografia solicitada pela médica Antonielle Figueiredo Macedo Tavares Rei, na data, sem precisar com segurança o horário, isto não importa, segue procedimento de atendimento de emergência.

"Exame realizado em caráter de emergência, direcionado para pesquisa de achados de pneumonia viral – dados técnicos hospital Luz". Deus aponta para a Dra. Antonielle, fala em seus ouvidos: Eu estou contigo, continue cuidando dele, seu conhecimento técnico e sua fé há de livrá-lo, sua missão ainda não terminou.

IMPRESSÃO, "achados pulmonares frequentemente identificados em processos infecciosos de etiologia viral (incluindo COVID-19)", numa sequência técnica, mostrada pela tomografia, em uma observação minuciosa, descreve nos "cortes da transição tóraco-abdominal evidenciam se alguns cistos corticais em ambos os rins, destacando-se cistos predominantemente exofítico no terço superior do rim esquerdo, com esboços septais grosseiros no seu interior.

Recomenda-se estudo dirigido associado à utilização do meio de contraste endovenoso".

Deus iluminou esta cardiologista, que viu em meu rosto os sinais e a gravidade da doença.

Elevo meus pensamentos neste instante, em que este texto está sendo escrito, intercedo em oração, por ela e toda a equipe de profissionais que estão na linha de frente no combate à Covid-19.

Após estas medidas iniciais, preenche um relatório de procedimentos e o paciente entra definitivamente para o quadro do Ministério da Saúde, como mais um dos infectados; engrossando a estatística, e passa a ter tratamento diferenciado. Esta é a realidade brasileira, hoje, depois dos controles preventivos, a partir de março de 2020.

Não há sensação mais deprimente para um indivíduo que está acompanhando as notícias, sabendo da escassez de recursos, e ao mesmo tempo, vendo mil caindo a seu lado e dez mil a sua direita. Os anjos estão sempre em evidência, livrando os homens e mulheres de fé, fazendo-os vitoriosos, porque assim, Deus os colocou em nossa esquerda e nossa direita; Sl.91:7-9 nos relata esta proteção, e os milhares que cairão à nossa esquerda e direita já estão determinados.

"Cobrir-te-á com Suas penas e debaixo de Suas asas estarás seguro...", Sl. 91-4.

Eu, com 74, e minha esposa, com 72 anos, sentimos na pele o que um vírus pode fazer em um corpo fragilizado pela idade, mesmo tendo um acompanhamento de familiares empenhados como é o nosso caso. Acompanhando os acontecimentos, e vendo jovens sendo mortos, sem a mínima chance de sobreviverem. E nós como suportar a agressão deste vírus? Minha família empenhada no meu atendimento.

Vi no olhar de meu filho mais velho, Ronaldo, o desespero; acostumado com medidas de salvamento, vi nele a preocupação. Sorria para me deixar feliz, mas chorava pelos cantos como uma criança diante do perigo, numa condição indefesa, para extravasar seu estresse.

A importância do seu profissionalismo na nossa vida foi de grande valia. Ele tomou a iniciativa de nos tranquilizar com seções de fisioterapias; agulhas, ventosas e mochas, fazendo-nos mais calmos e a corrente de sangue circular.

Aproximou-se de mim, na hora da minha transferência de hospital, num gesto muito carinhoso e confortante, e disse: "E aí, velho... o que vamos fazer depois que sair daqui? Podemos programar a viagem para o Chile?". E lá no meu íntimo, a resposta mais negativa que já dei a alguém... quando sairmos daqui, compre o caixão (esta seria a resposta), o resto você já sabe, né... mas não quis externar o que passava pela minha mente naquele instante; apenas disse: "Pode ser", no intuito de não deixá-lo mais chateado. Tomou todas as providências, não deixando faltar nada. Estava já bem instalado no hospital, apenas faltava creme dental e um aparelho para barbear, fiz um áudio e imediatamente foi providenciado, quando eu menos esperava, ali estava ele me entregando os produtos solicitados. Senti naquele momento uma gratidão tão grande; e, também, o quanto eu havia sido falho, em algum momento da vida, em relação a eles. Naquele momento senti que mais devia do que havia a receber.

São coisas que ocorrem em nossas vidas, quem sabe, são para a nossa consciência e que nos corrijamos; e que nos sirvam para um pedido de perdão. Todos nós erramos, mas muitas vezes, não estamos preparados para um pedido de desculpas.

Neste momento, quero que todos os meus filhos e netos saibam o quanto eu os amo. E aproveito para pedir perdão pelos momentos que não percebi que estava ferindo o nosso bom relacionamento.

Via na Mônica, minha filha, o medo da perda, desesperada, dirigia seu carro na velocidade permitida por ser prudente, mas na ansiedade queria mesmo era voar, nos transportando, de um ponto ao outro da cidade em busca de socorro. Aliás, tenho que tirar o chapéu pra esta moça, ela tem sido a varoa valorosa, usada por Deus para dar assistência a todos da família. Obrigado, filha, por toda sua dedicação e preocupação.

Via na minha neta Júlia, de apenas 20 anos, um desequilíbrio emocional, deixando-a sem chão. Mas não perdendo a essência da espiritualidade, buscando silenciosamente a presença de Deus. Neste momento é muito importante um pouco de conhecimento religioso; aplicam-se os ensinamentos de Jesus Cristo na sua trajetória. Filha, você é muito importante para todos nós, tá...

O filho mais novo com passagem comprada para suas férias na empresa, depois de um ano de trabalho duro, e também, depois de ter passado pela experiência do vírus, ameaça cancelar sua viagem para Itacaré-BA.

Felipe, saiba o quanto reconheço esta sua atitude, deixando seus interesses de lado, para estar próximo de nós; sua mãe e eu. Usava naquele momento de desespero do seu dom teatral, fazendo movimentos e expressando frases de entusiasmo, quebrando o clima de desconfiança. Obrigado, filho!...

O neto caçula, o Heitor, na sua tenra idade de 6 anos, desolado por não poder dar um abraço no vô e na vó.

Heitor, você foi um grande herói... eu te amo!

Meu genro, Rafael, nas suas brincadeiras, segurando uma barra na empresa, levantando de madrugada e só indo para casa lá pelas 20:00 horas, deixo minha palavra de gratidão por este empenho. E obrigado, por ter me deixado atualizado ali naquele leito, de tudo que estava passando, até mesmo as notas de falecimentos por Covid-19.

Este é o retrato das famílias que enfrentam uma pandemia, todos os membros sofrem com alguém que está infectado no seio familiar.

Quando chegamos ao hospital Luz, na Vila Mariana, meu caso estava grave, não chegamos fazer o processo de triagem, me colocaram em uma cadeira; saturação baixa, ofegância em alta; leve para 10, chegando imediatamente oxigênio, e dali pra frente foram dez dias de incertezas. Meu coração estava parando, e meus sinais vitais se extinguiam. Minutos depois comunicaram minha transferência de hospital, meu tratamento teria continuidade no Hospital Samaritano. Ali cercado por uma equipe de anjos, começando pelo transportador... o garoto identificou, caminhou para o elevador, destino: oitavo andar, quarto 818. Uma cama aconchegante, um banheiro amplo com os suportes de segurança, kit higiênico, pessoas angelicais ao meu lado, dispostas a dar todo o suporte. Eu naturalmente fragilizado, sem a mínima condição de reação. Uma toalha branca muito bem higienizada me foi entregue. Um rapaz ofereceu ajuda para o banho, respondi: "Não precisa... estou em condições de tomar o banho sozinho".Acho que eu não tinha noção do limite, peguei a toalha, chinelo e levantei amparando na cama. Com os conselhos deste anjo, para ter cuidado porque poderia cair, caminhei com dificuldade.

Uma enfermeira simpática acompanhou me, sem forçar ajuda, porém, toda a atenção voltada para minha proteção. Mas quando viu minha dificuldade no ajuste da temperatura do chuveiro, não titubeou, me ajudou a ajustar o chuveiro na temperatura ideal; com cuidado constante.

Tomei o banho, com dificuldade é claro, mas sem precisar de ajuda. A enfermeira ficou de pé junto ao sofá, tentei me enxugar sozinho, não consegui; a enfermeira humildemente pegou a toalha, enxugou meu corpo e num gesto cristão curvou-se e começou a enxugar meus pés. Envergonhado, disse a ela: "Fazes o papel de Jesus, quando lavou os pés dos discípulos". Humildemente ela respondeu: "Imagina!"...

Os dias foram passando, meu estado de saúde melhorando, meus familiares, acreditando, mas com um pé atrás devido minha idade já avançada, eu sempre confiante. Sempre que o dia amanhecia, da janela do quarto eu contemplava um prédio residencial, suas janelas e portas estavam sempre fechadas, parecia não ter moradores, todavia eu conseguia perceber sinal de vida naquele prédio. A equipe de anjos aplicava cada vez mais sua sinergia e empatia.

Enquanto apreciava o prédio fantasma, que de fantasma não tinha nada, mas sim moradores mais idosos e pessoas mais pacatas, querendo apenas sossego e estar de bem com a vida, fui inspirado a poetizar. Suas sacadas com vasos de plantas ofereciam um verde alegre à estrutura de concreto armado em plena Bela Vista. Fica ali na Rua Dr. Fausto Ferraz, em frente ao hospital; eu o chamava de meu prédio arborizado. Este prédio que me ensinou que nem tudo que está em silêncio, está morto.

Depois de vários dias olhando aquele prédio silencioso, observei uma senhora, tipo italiana, daquelas que andam com suas vestes folgadas, dando mobilidade. Um senhor franzino, não sei se italiano ou alemão, apareceu regando um vaso, dando a oportunidade para aquela planta que ali estava de alegrar um pouco mais o ambiente externo do apartamento, e aos pacientes internados naquele hospital, de poderem contemplar a vida que vivia lá fora.

Dali do oitavo andar, eu tentei passar para meus familiares segurança quanto à minha recuperação: compus para eles um versinho de repúdio ao vírus...

Manda esse vírus embora,

Manda esse vírus embora,

Manda esse vírus embora,

Ele é do mal e eu sou do bem.

Cantei para eles com minha voz embargada pela fraqueza que o vírus atingiu. Mas pelo menos o meu tino de criação permanecia vivo. Alegrei-me com eles, trocando frases pelo celular, pelo celular fazíamos as nossas orações, clamando por todos os doentes, nunca colocamos em nossas orações somente os doentes por Covid-19, isso porque os doentes são todos carentes de palavras amigas e aconchegantes.

E assim eu ia preenchendo meus dias naquele quarto de hospital, com aquele bege nas paredes, aquela alvura do leito, aquela alva mesinha dobrável para minhas refeições, aquele piso superbrilhoso, porém, frio, um frio de tumba, uma espécie de sala de velório, sombreando a vida de quem ali está; fazendo a gente lembrar de Jesus na tumba, e nos traz a alegria, porque dali Ele ressuscitou. A pedra foi removida. Aleluia!

Numa daquelas noites, depois de minha oração costumeira, uni meus pensamentos aos milhares de pensamentos unidos em oração, em favor dos doentes e trabalhadores na área da saúde. Desde o início da pandemia da Covid-19, mantemos este grupo intercedendo por estes doentes e profissionais, unimos todas as correntes religiosas, cada um do seu jeito. Minha vida estava nas mãos de Deus, por isso não temia mal algum.

Peguei no sono, com minha máscara de oxigênio, a certeza da minha sobrevivência; todos nós que passamos por este procedimento, temos ali a nossa segurança material. Mas, o nosso refúgio e fortaleza está numa esfera muito superior. Nossa fé está acima destes bens, ou insumos, conforme costumam dizer, estes bens fazem parte da criação divina, apenas um suporte da fé, na cura das enfermidades. Não podemos duvidar do valor destes objetos, nosso Deus deixou no paraíso todas as coisas que nós, criaturas, necessitamos para o nosso bem-estar. A máscara, o oxigênio, os antibióticos, os antidepressivos, anticoagulantes e tantos outros são auxílios que Deus deixou para que os seres humanos usassem conforme sua inteligência e necessidades.

Peguei num sono leve como se eu estivesse acordado e percebendo o que passava por aquele ambiente. O silêncio dominava naquele momento, todos os anjos do sétimo andar pareciam estar dormindo, claro que eles não dormem e nem dormitam, são eles os guardas de Israel. Este Israel contaminado, porém, com proteção de Deus.

Percebi sobre meu leito uma nuvem branca, cobria todo o espaço do meu leito, indo da minha cabeça aos meus pés; naquele momento uma voz me dizia que eu estava sendo curado, em nome do Senhor Jesus.

No dia seguinte fui para a janela, para contemplar o prédio fantasma, para minha surpresa, não era mais um prédio fantasma, além das plantas em uma das suas sacadas, ali passeava um gato e uma senhora tipo italiana estendia roupas. Aquilo muito me alegrou; pois a vida está ali florescendo, assim como os sinais proféticos que durante a noite sobre minha cabeça alguém colocou as mãos e revelou minha cura.

Obrigado, meu Deus, meu refúgio e fortaleza. Assim seja louvado e engrandecido.

Tive vontade de testemunhar para todos os anjos que estavam ali ministrando meus medicamentos, medindo meus sinais vitais, me dirigindo palavras de conforto, servindo meu alimento. Mas não dava uma brecha para eu fazer esta declaração de cura espiritual; por causa desta oportunidade, decidi ali mesmo naquele hospital, escrever este testemunho, para que tanto meus anjos, quanto os leitores pudessem conhecer este médico que está sobre todos os médicos: Jesus Cristo, o nosso Salvador.

Minha travessia foi realizada, mesmo com minha idade avançada, mesmo com os grandes tumultos provocados pelos embaraços das águas turvas e barrentas, meu comandante experiente e caridoso tomou o remo e foi até margem seguinte.

Deus seja louvado e adorado!

Salmos 40:1-3

Esperei com paciência no SENHOR, e ele se inclinou para mim, e ouviu o meu clamor. Tirou-me de um lago horrível, de um charco de lodo; pôs os meus pés sobre uma rocha, firmou os meus passos; e pôs um novo cântico na minha boca, um hino ao nosso Deus; muitos o verão, e temerão, e confiarão no SENHOR.

Nós muitas vezes olhamos para o caminho e o achamos pedregoso, espinhoso, sem condição de atravessarmos; mas isto ocorre porque estamos olhando para dentro de nós, e nós somos fracos, não confiamos em nossas próprias forças.

Quando vamos atravessar um rio, onde há pedras limosas, precisamos ter cuidados, pois se pisarmos em uma daquelas pedras e escorregarmos, perdemos o equilíbrio, podemos cair, levar muitos arranhões e nos tornarmos vencidos e muitas vezes levados pela correnteza, sem a mínima chance de nos salvar. Por esta razão temos que nos firmarmos em um ponto de apoio; e esse ponto de apoio é o nosso Deus.

No verso primeiro do salmo 40, diz que devemos esperar com paciência, normalmente nós não temos paciência para esperar nossa vez; exemplo claro disso é com respeito à vacina, nós queremos ontem e a nossa vez ainda é amanhã. Tenhamos paciência, nossa vez vai chegar. Na parte "b" do mesmo verso, diz que Deus se inclina sobre nós; olha que coisa interessante. Quem deveria se inclinar para quem? O certo seria nós nos inclinarmos para Deus em sinal de respeito à divindade, e ele faz o contrário, inclina-se para nós e ouve o nosso clamor, isto é: ele está disposto a ouvir nossas orações e atendê-las.

Na sequência diz que ele nos tira de um lamaçal, de um ambiente terrível e nos coloca sobre uma rocha; nosso caso, ele nos tira dos leitos de enfermidades e nos dá conforto, sobre um piso limpo, nos devolve para o meio familiar, ambiente onde vamos receber carinho e muita dedicação por parte dos membros familiares; na sequência do salmo, diz que ele coloca um cântico em nossa boca, e nos alegramos. É nesta hora que temos que reconhecer e nos inclinarmos em agradecimento. Portanto, ter paciência é necessário para alcançarmos a cura.

Vemos muitas pessoas condenando o presidente pela falta da vacina, todo mundo acha que ele demorou para fazer o pedido do medicamento, só esquecemos que o mundo inteiro está pandêmico. O mundo inteiro está correndo para os fornecedores fazendo o mesmo pedido. Como atender a todos ao mesmo tempo? Espera com paciência, no Senhor. Deus dará a solução para todos no tempo certo, não adianta querer ultrapassar os limites determinados por Deus. Ele está inclinado sobre ti, é só esperar que ele te dará a vitória.

Por que estou citando o meu caso? Estou dentro da estatística, dos infectados, dos recuperados e liberados para a convivência familiar. Sinto-me, portanto, como um dos privilegiados nas fileiras dos curados. Entendo perfeitamente que os anjos estão acampados o tempo todo do lado dos pacientes, porém muitos não os identificam, mas eu os vi em cada médico/a, em cada enfermeiro/a, na faxineira que entrava no quarto e perguntava: o senhor está melhor? É muito gratificante ver esta preocupação. Por isso enquanto se respira, há esperança.

O milagre ainda acontece

Deus ainda faz milagres, e nossa fé, nossa esperança, nosso amor à vida nos fazem caminhar junto com as orações dirigidas dos mais diversos cantos do mundo, nos ajudam na recuperação, na ferramenta sinergética, junto a uma equipe de profissionais, capazes de interagir neste campo da medicina moderna, onde respeitam a espiritualidade. Eu tive o privilégio de conviver com anjos, anjos humanos que não fogem à luta por respeito à vida. Eu com meus 74 anos poderia ter sido escolhido, dispensando o tratamento, para ceder meu direito de tratamento a um jovem que estivesse correndo risco e teria anos à frente, produzindo, criando expectativas de desenvolvimento, na nossa economia, na nossa sociedade, transformando outras vidas. Mas não, deram-me o direito de continuar vivendo.

A fé nos conduziu, a interação sinergética dos profissionais foi aos poucos nos moldando, com esta associação simbiótica, na cooperação entre exercícios, físicos e o psicológico e os medicamentos aviados pelas mãos dos médicos, somados aos eventos angelicais humanos, dando a satisfação aos pacientes.

Esta foi a minha primeira experiência com a Covid-19, não deixando saudade.

Minha estadia hospitalar, abençoada com uma equipe de profissionais dedicados, não me deixou saudade. Calhou com a segunda onda em Manaus, eu ali tentando me recuperar e orando incessantemente, em favor dos amazonenses. A oração ajudou no restabelecimento de muitos contaminados, com a agressão virótica.

Acompanhei atentamente todos os procedimentos da secretaria de saúde dos estados e do Ministério da Saúde. O Ministro Pazuello, até aquele momento, não mediu esforços para dar suporte ao governo amazonense. Víamos as aeronaves disponibilizando o transporte de oxigênio, apesar da falta de insumos suficientes naquele momento.

Eram gritos de fé, na esperança de que de Deus viriam os recursos, e para a honra e glória do nosso Deus, começaram as doações dos cilindros de oxigênio, as transferências para outros estados, a força aérea, num ritmo frenético, tentando a todo custo levar o produto de salvação às vidas contaminadas com a Covid-19. A logística, no entanto, é difícil: enquanto isto os políticos brincam de fazer conchavos, para não perderem seus altos salários.

O termo "vidas humanas importam" se propagou principalmente após um policial norte-americano ter asfixiado George Floyd até a morte, em 2020. Virou uma espécie de coro pelo mundo afora. Eu me baseio em uma lei brasileira, editada em 10 de novembro de 2011, onde fala de discriminação. Enxergo de outra maneira, em se tratando de sociedade brasileira. Repudio, portanto, a edição da lei brasileira. Nossa sociedade foi formada de misturas de raças desde o início. Os portugueses e índios, portugueses e negros, índios e negros. Não tivemos aqui uma formação como a dos norte-americanos, de apenas brancos e com foco na produção para sobrevivência dos novos moradores. A colonização tinha por objetivo a sobrevivência de todos aqueles novos habitantes. Este novo povo teria lugar para morar, trabalhar e viver nas terras das Américas; acobertados legalmente, com os dizeres da carta magna.

Esta nossa lei prejudica relacionamentos, quebra elos de amizades, gera intrigas entre pessoas do bem. Nós somos um povo livre de preconceitos. O que falta é reconhecimento de equiparação; leis novas não quebram preconceitos e não atrapalham e nem melhoram relacionamentos. Conscientização e politização sim, mesmo porque a política deixou de ser aristotélica, precisa passar por momentos de polidez.

A capacidade de raciocínio dos nossos irmãos afrodescendentes não deixa dúvida quanto a sua capacidade harmônica, com todas as pessoas, de desempenhar todos os tipos de atividades praticadas por qualquer ser humano.

Essa ideia de criar leis para homenagear uma classe social, capaz de responder quaisquer tipos de apelos sociais, faz desse seguimento, diferenciação comportamental, o que não é bom nem para eles, e nem para quem com eles convivem.

Perante a nossa constituição, gozamos de todos os direitos e obrigações, então por que uma lei discriminatória, para humilhar pessoas valorosas, como a nossa gente?

> Juliano Moreira (1873 a 1933), de 1903 a 1930, no Rio de Janeiro, dirigiu o Hospício Nacional de Alienados. Neste, embora não fosse professor da Faculdade de Medicina do Rio, recebia internos para o ensino de psiquiatria.
>
> (Fonte: Brazilian Journal of Psychiatry)

Imagina se um homem desses ficaria feliz de ser homenageado com consciência idiota, ele está muito acima de qualquer dispositivo discriminatório.

Mas, como somos homens e mulheres livres para criar, fica aí minha opinião quanto a algumas aberrações legais criadas por políticos que não têm muito o que fazer, por isso se apegam ao primeiro ato de suas atuações como roteirista de bobagens sociais. Não deem apreço.

Existe pandemia de racismo? Existe. Isto é verdade, em diversas nações. Mas no Brasil o que existe é aculturamento social.

Nossa situação é bem diferente da dos Estados Unidos, por exemplo, em que vemos discriminação declarada, expresso no discurso de Martin Luther King, em 1963, no manifesto “Marcha sobre Washington”.

Expressou de maneira tão autêntica, que houve muita comoção do povo americano. Todavia, houve por parte de um grande número de cidadãos americanos ódio declarado.

Isto é racismo.

Esta é uma travessia necessária: todos os países do mundo, seus governos e suas sociedades, devem trabalhar sua consciência no sentido de banir a discriminação.

"Digo-lhes, hoje, meus amigos, que apesar das dificuldades e frustrações do momento, ainda tenho um sonho. É um sonho profundamente enraizado no sonho americano.
Tenho um sonho que um dia esta nação levantar-se-á e viverá o verdadeiro significado da sua crença: "Consideramos estas verdades como evidentes por si mesmas, que todos os homens são criados iguais".
Tenho um sonho que um dia nas montanhas rubras da Geórgia os filhos de antigos escravos e os filhos de antigos proprietários de escravos poderão sentar-se à mesa da fraternidade.
Tenho um sonho que um dia o estado do Mississípi, um estado deserto, sufocado pelo calor da injustiça e da opressão, será transformado num oásis de liberdade e justiça.
Tenho um sonho que meus quatro pequenos filhos viverão um dia numa nação onde não serão julgados pela cor da sua pele, mas pela qualidade do seu caráter.
Tenho um sonho, hoje.
Tenho um sonho que um dia o estado de Alabama, com os seus racistas malignos, cujos lábios do governador atualmente pronunciam palavras de recusa, seja transformado numa condição onde pequenos rapazes negros, e moças negras, possam dar-se as mãos com outros pequenos rapazes brancos, e moças brancas, caminhando juntos, lado a lado, como irmãos e irmãs".

BILLY GRAHAM, em um documentário chamado *O Embaixador de Deus*, trabalho realizado mundo afora, um dos maiores pastores que o mundo já conheceu, contribuiu com Martin Luther King Jr., para acabar com o racismo. Dos pastores brancos, foi o que mais lutou junto com o líder negro.

Nos estados mais racistas dos Estados Unidos, e também, no continente africano, Billy lutou contra o apartheid. Nem assim, diante da Cruz de Cristo, foi possível acabar com a segregação americana.

Os traumas pós-tratamentos

Após o tratamento hospitalar, ou melhor: após a estadia no hospital, para um tratamento mais complexo, normalmente, temos que dispensar algum tempo de nossa vida para um ajuste: psicológico, quebra comportamental de atividades. Por quê? O corpo passa a não responder com naturalidade, os reflexos habituais. Reage a estímulos diferentes. Por isso o tratamento tem de continuar; porque há resquícios da doença em seus órgãos, que só serão extirpados com o passar do tempo.

A fisioterapia entra em ação, e os fisioterapeutas se desdobram para cuidar desse pós-tratamento hospitalar, por causa da sequela que o paciente carrega por algum tempo. Os anticoagulantes que são ministrados durante o tempo de internação, para evitar os derrames, ou as complicações renais, e também as cardíacas, muitas vezes são aconselhados a continuidade, juntos a uma série de sessões de fisioterapias. Graças a estes profissionais, muitas destas sequelas são evitadas.

O Hospital Samaritano, por onde passamos por tratamento, nos colocou à disposição: uma cardiologista, a Dra. Amanda, uma jovem franzina, mas, de uma energia fora de série e também uma fisioterapeuta; ou melhor: uma equipe de fisioterapeutas. Nesta equipe fomos beneficiados, a minha esposa e eu, colocada para a aplicação dos exercícios uma fisioterapeuta dedicada e também cheia de energia; a Gabriela, profissional que se vira nos "30", para dominar o Sr. Valter, um senhor de 80 anos, cheio de vida, detestava os exercícios, mais os realizava com bom humor, e suportava os pitos de sua fisioterapeuta, transformando-os em piadas, fazendo todos os participantes darem belas gargalhadas.

Este foi o ambiente que recebemos neste hospital, que fez a diferença na nossa reabilitação. Agradecemos a Deus por ter colocado em nosso caminho pessoas de vocação profissional que auxiliam na cura de doenças infecciosas. Se todos os hospitais dispusessem deste tipo de tratamento, temos certeza que a redução de óbitos seria traduzida em vitórias.

Estou citando, porém, quero deixar claro que não abrange a todas as pessoas, muitas pessoas têm passado pela doença sem sentir que foram contaminadas. Portanto, nem tudo que é reação negativa em um corpo pode não ter o mínimo reflexo em outro.

Mas a agressividade varia de organismo para organismo. Hoje nós vemos que a paridade agressiva no Amazonas está em linha horizontal, os infectados vivem o mesmo drama. Desabando no mesmo ambiente que é considerado o pulmão do mundo. Ali está a fonte natural de oxigênio, o que não adiantou pela agressividade do nosso desconhecido.

Por que isso? Porque essas pessoas estão dentro do maior pulmão natural do mundo, e não conseguem o mínimo de oxigênio para sua sobrevivência.

Seria bem natural não estarem passando por isso, mas o nosso querer não é o querer de Deus, Ele toma a sua criação pelas mãos e a conduz conforme sua vontade.

Trabalhamos com a nossa sensibilidade espiritual, para que os recuperados não sejam infetados por trauma maior, acreditamos na sinergia espiritual, uma união cooperativa invisível, associada aos tratamentos medicinais, com pessoas preparadas cientificamente, aviando os receituários necessários para o alívio da dor.

Criamos grupos de orações, em favor dos doentes, em favor dos profissionais da saúde brasileira e mundial, na certeza que os milagres venham dando esperança de vida para todos. Sejamos agradecidos por vermos a fluência espiritual vinda de todos os cantos do mundo, uma corrente que não se pode parar.

Imagina um paciente sendo atendido, e o profissional começa a falar de coisas positivas, muitos deles não expressam uma palavra, mas no bolso de seu jaleco está um radinho, tocando uma música suave, com letra saudável, o ambiente naquele momento se enche de boas energias; a reação é de suavidade espiritual, isto ajuda na cura.

Tudo posso naquele me fortalece – Filipenses 4:13, quando a gente faz esta colocação, não é coisa de fanático, é uma expressão de fé, onde a sinergia religiosa, ou a sinergia da fé, esperança e o amor, agem concomitantemente, trazendo ao organismo uma sensação de leveza espiritual.

Deus seja louvado!

Incertezas nas lisuras públicas

No Brasil, trabalhamos, recolhemos nossos impostos, garantimos o nosso compromisso com os poderes públicos; mas nunca estamos certos do uso devido daquilo que colocamos à disposição para investimento nas benfeitorias do povo. Estamos sempre com um pé atrás, porque criou um "antiético" nos nossos governantes, que os faz agir sem a mínima decência. E quanto mais problema social existir, melhor para eles meterem a mão. Exemplo claro é o do Amazonas, o nosso maior pulmão natural do mundo. Em pleno período de segunda onda virótica, ali estava uma secretaria de governo aproveitando-se da situação.

"Questões da vida: (1) quero?; (2) devo?; (3) posso?

> Nem tudo que eu quero eu posso; nem tudo que eu posso eu devo; e nem tudo que eu devo eu quero. Você tem paz de espírito quando aquilo que você quer é ao mesmo tempo o que você pode e o que você deve".- Cortella

Nosso trabalho tem exatamente esse perfil, eu quero contribuir para o esclarecimento; é meu dever corresponder às expectativas de querer mostrar um pensamento livre, fluindo com leveza, fazendo aquilo que uma sociedade cobra; e posso ser um veículo de autoajuda, levando meu conselho aos menos informados.

Mesmo não tendo total confiança nas lisuras dos poderes, somos mensageiros, um mensageiro ou uma mensageira jamais deixará de cumprir seu papel. Na linha de informação horizontal, somos um elo de ligação entre os níveis culturais.

Vemos desde épocas passadas que o homem, seus direitos e obrigações entram em conflito. Nunca, jamais, houve um entendimento jurídico que satisfaça todos os lados.

O tempo passou e continuamos com um déficit de educação, saúde, segurança; somos incapazes de aceitar as ofertas naturais e culturais desde os tempos de criação.

Desde o momento que fomos "descobertos", ou seja: não acreditamos neste país encoberto, Pedro Alvares Cabral, e também Cristóvão Colombo sabiam onde queriam chegar. O desconhecido que dependia de um descobridor era bem conhecido e bem descoberto; tudo estava planejado para chegar onde chegou. Sempre tivemos medidas sendo tomadas para que desse vida digna para todos; mas, o que vemos é um conflito político-jurídico, com duas forças contrárias aos desejos sociais. Uma sociedade criada desde o início, com vícios e despotismo. Uma jurisdição: poderíamos chamar de jurisdição de "fachada", onde concentra o poder e as decisões são orientadas, e se houver contra-argumento, justifica-se o direcionamento.

Dentro do âmbito administrativo, vê-se, com clareza, a necessidade de execução impessoal, e o que observamos é uma brecha na constituição, onde se pode agir diferentemente de caso a caso. A transparência do Estado de Direito torna-se, muitas vezes, deturpada pela vontade de quem decreta a ação. Deixando de lado a legalidade, a moralidade, ampla defesa. São coisas percebíveis até mesmo por leigos, despertando a desconfiança ao cidadão. Esse dever do agente público desfaz-se, na estranheza do agir.

O cidadão está tão acostumado com a não transparência, que quando se tem oportunidade de exigir direitos, ao Estado de Direito, ele expressa o desânimo: não adianta!...

A corrupção numa saúde pública

Quando se fala em corrupção, associamos normalmente aos grandes grupos de políticos, empresas ligadas ao poder público, às ONGS, fazendo uma ponte. Criadas para o atendimento daqueles que são mais carentes e famílias ligadas às políticas que se profissionalizaram seus agentes, nesta ciência. Que como dissemos anteriormente trabalham para a felicidade de todos. E que lamentavelmente, os resultados não têm sido dos melhores.

Mudou-se muita coisa desde Aristóteles até hoje. Passou-se por vários períodos, e a gente vê que esta ciência pensada no sentido de unir e todos em torno de uma pirâmide de conhecimento, e todos tirarem o que há de melhor, para o benefício de todos. Vemos, no entanto, que a "pedra bruta", criada pela natureza com o objetivo de permanecer exatamente como foi criada, começa já no medievalismo a ter quem a começa polir. Polir como? No sentido de adaptá-la ao seu estilo.

Diferença social entre o público e o privado

A diferença existe, é natural das organizações; seja pública ou privada.

Há alguns anos, trabalhei numa multinacional, uma empresa fabricante de medicamentos para diabéticos, eu era responsável pela distribuição dos medicamentos, num território de 8.514.876 km, no Brasil, o maior país da América do Sul. Portanto, um país continental, poderíamos afirmar sem nenhum receio. Seu território com características muito diferentes, em dialetos e, também, na sua diversidade geográfica. Temperaturas diversas, variando de norte ao sul; de leste a oeste. Dependíamos na época de um transporte aéreo, ainda muito carente.

As empresas aéreas mais confiáveis ainda eram: Varig, Vasp e Sadia, eram as detentoras do nosso espaço aéreo, nossos aeroportos deficientes e nossas estradas com péssima compactação, quase todas com administração pública. Como todos sabemos: o estado é um péssimo gestor, e todos os recursos originários dos impostos recolhidos aos cofres públicos evaporam rapidamente, e...

A região norte era cortada por rios de grandes extensões e dependíamos de balsas e barcos, para fazermos chegar até os nossos pacientes os medicamentos.

Precisávamos conhecer de tudo um pouco, até de meteorologia, e, um grande conhecimento geográfico, para conseguirmos uma logística próximo do ideal. Éramos obrigados a manter uma fidelidade com nossos transportadores, muitas vezes não sendo o ideal, porém eram os melhores que conhecíamos.

Na ponta contávamos com a sorte, contávamos com os contatos telefônicos de péssima qualidade, ruídos perturbantes aos tímpanos, nunca tínhamos ouvido falar na tecnologia da internet, nossa comunicação estava um passo à frente da telegrafia, já usávamos o fax, mas só o sul se beneficiava desta tecnologia.

A saúde, assim como a educação, a segurança e outros seguimentos sociais; vemos que, mesmo que não queiramos, acontece um atendimento diferenciado. É o famoso poder de posse, quem tem vai ser atendido primeiro. Muitas vezes rolando a famosa propina, tão conhecida em nosso Brasil.

Há uma grande necessidade de empatia, simpatia e sinergia, para que haja um atendimento próximo do perfeito. A vida nos traz grandes surpresas, mas esta qualidade de trabalho só é vista com as técnicas administrativas do poder privado.

Sou um defensor do nosso SUS, mas estamos longe de uma independência, para que possamos ter uma saúde paralela ao sistema privado. Isto eu digo com muita segurança que este paralelismo está longe de acontecer; pois os vícios políticos terão que ser combatidos primeiro.

Em 2018, estive fazendo um trabalho voluntário no Estado do Espírito Santo, um dos estados brasileiros de uma linda geografia, as montanhas, as praias, seus parques ecológicos, o folclore, a culinária e o aconchego do povo, tudo muito bem protegido com carinho. Paisagens que encantam nossos olhos assim que a gente pisa no solo capixaba.

Como bom capixaba, resolvi escrever sobre a cidade de Colatina e sua atuação no campo da saúde, tornando-se referência regional entre os estados que fazem fronteira e dividem a exuberância geográfica.

Como Colatina é linda e humana!...
A bela jovem, paulistana, nascida em 24 de novembro de 1864, dominadora dos idiomas estrangeiros: alemão, francês e italiano. Herdeira da família real portuguesa. Era dominadora da arte musical; aprendera com o maestro Giredon.
Participou cantando, em saraus no palácio, quando o estado foi administrado pelo governador Florêncio de Abreu.
Florêncio Carlos de Abreu e Silva era gaúcho de Porto Alegre, nascido em 20 de outubro, de 1839, cursou direito pela Universidade de São Francisco. Retornando em seguida para seu estado natal, se tornou político, elegendo-se deputado estadual.
Desenvolveu um talento espetacular, na escrita, se tornando escritor e excelente jornalista. Deixou seu Rio Grande e partiu para São Paulo, onde colocou sua eloquência em evidência, se elegendo presidente da província de São Paulo, logo após ter sido senador do império em 1880. Seu governo foi um período de apenas 7 meses, indo de 7 abril de 1881 a 5 de novembro do mesmo ano. Adoeceu, foi para o Rio de janeiro e faleceu em seguida aos 42 anos de idade, em 12 de dezembro de 1881, vítima de tuberculose.

(Fonte Wikipédia).

> A jovem artista, Colatina, em 28 de janeiro de 1882, uniu-se em matrimônio com o capixaba José de Melo Carvalho Muniz Freire. Um estrategista político, tornou-se presidente do estado do Espírito Santo, por dois períodos. O primeiro período de 1892 a 1896 e o segundo, 1900 a 1904.
> Sua paixão pela esposa fez com que ela fosse homenageada, com a criação da Vila de Colatina, em 9 de dezembro de 1899, pelo senhor desembargador Afonso Claudio; acreditando que ao homenageá-la, sendo ela paulista, traria grande influência no desenvolvimento do lugar. Citando a seguinte frase:
> "Esta homenagem à paulista, certamente, tornará próspera a futura cidade".
>
> (Blog A CIDADE).

Uma profecia e tanto, sua economia se destaca entre as maiores de todos os estados do país. Suas lavouras cafeeiras se destacaram no cenário da mata atlântica com seu verde forte e grãos graúdos, de qualidade internacional, fortalecendo os vínculos com os maiores parceiros comerciais do mundo.

Como boa paulista, originária de uma mistura, já meio miscigenada pela sua própria natureza, se tornou uma grande esposa. Dedicada ao seu esposo e ao amor pela família, gerando dez filhos, um verdadeiro clã.

Formando uma base forte de família, misturando paulista e capixaba, dois vínculos importantíssimos da cultura política e folclórica popular brasileira; essa cultura se confunde muitas vezes, por ser uma mistura de povos diversos, tanto São Paulo, como o Espírito Santo, tem uma base formada por europeus, índios e africanos, portanto, miscigenados na sua raiz.

No Espírito Santo, os pomeranos se destacam em algumas regiões, dando uma característica europeia num nível maior.

O brilhantismo de Colatina não está apenas na política, com uma grande representação em todo o estado, assim com, no cenário nacional. Sua economia destaca-se em diversos setores. Na agricultura, seu carro-chefe: o café Arábico e Conilon. O café Arábico, mais antigo, com árvore mais alta, desenvolvendo bem nas regiões mais baixas; o Conilon, com uma facilidade de adaptação nas regiões mais altas, árvore baixa, com uma facilidade maior na colheita, podendo ser produzido numa altitude de até 680 metros. E, evidentemente, sua colheita segura por mais tempo, oferecendo uma folga maior aos produtores, não causando um estresse maior na ansiedade de armazenamento.

Conta com um centro de comercialização do produto, localizado em Vitória (CCCV); responsável pela negociação e informação da classe produtora da bebida. Esta organização é um elo de ligação dos produtores, com os centros consumidores em todo o mundo.

Colatina não é o maior produtor desta bebida, fica atrás de outros municípios, segundo o IBGE, porém, tem grande destaque como produtor e canal distribuidor.

Mas cresce muito em outros seguimentos. A agricultura familiar é muito forte em todos os sentidos de desempenho. O agro, desde muito, já é uma grande referência.

A indústria manufatureira está marcada pelo têxtil, com mais de 135 empresas, gerando milhares de empregos diretos e indiretos. Representa o Brasil no campo da moda em vários países do mundo; com uma facilidade de distribuição privilegiada, por estar em conexão com as rodovias, ferrovias, e uma hidrografia oferecida pelo Rio Doce, pouco usada, é verdade, com uma atuação histórica, desde os inconfidentes.

Sua bacia é muito rica, pela junção de afluentes importantes, tais como: Carmo e Piracicaba, entre outros. O Piracicaba destaca-se, por ser um afluente nascido em Minas, região ouro-pretana, unindo os dois estados, assim como a doce bacia, que traz o romantismo das trilhas históricas da inconfidência.

Esta bacia enriquecida com as águas do Carmo, que vem do espinhaço, serpenteando do Ouro Preto até a foz.

A riqueza natural, grifa-se, as maiores do mundo. Suas curvas sinuosas, formando remansos para seus habitantes saciarem de suas riquezas, tanto vivas como mortas, riquezas impercebíveis aos olhos, por estarem nas entranhas do solo coberto por água e ramagens verdes, aguçando os olhos turísticos e curiosos. Realçando a imaginação sonhadora do enriquecimento, com aquilo que brota dos esconderijos incrustados nas cavernas marginais, encostas e subterrâneos dos solos.

No seu imaginário as escavações desenfreadas atingem as fontes das pedras preciosas; ou as barras amarelas dos metais cobiçados. Damas se veem bailando com as joias transformadas, nos braços e pescoço, atraindo para si os cavaleiros, donos das fortunas que lhes dão prazer, e esbanjam alegrias.

Seu verde protegido pela consciência ao longo dos anos enfeita suas margens, até chegar ao seu curso maior, um mar azul, adocicado pelo romantismo poético do Rio Doce. Sua água turva, purificada pela tecnologia aplicada, para tirar sua turbidez e acidez e fornecer a sua população humana, assim como seus rebanhos e sua agricultura, base sustentadora de seus habitantes.

Suas riquezas escondidas no subsolo, minerais cobiçados pelos diversos exploradores e importadores, que provocam desafios às diversas autoridades e de seus defensores, poetas, cronistas, contistas, romancistas dos mais diversos níveis sociais.

Sua carne ferida até o osso, por aventureiros exploradores e importadores, deforma sua fisiologia, sua geografia se modifica com os anos, até o desvio de parte do seu leito.

Os místicos habitantes de suas margens se valem de sua diversidade para propagar suas crenças nos deuses originários das diversas teorias de fé e credos. Suas águas servem a todas, sem discriminação, em sua visão laica. Deus criou os rios e sua função irrigatória, para que sua criação maior, com sua semelhança se beneficiasse, produzindo o que suas porções secas e úmidas, permitam que se produza e sirva de alimento. (Gen. 1:11-12).

Essa linda cidade, de um pôr de sol privilegiado, expressa o romantismo, que ela possui nas relações de sua gente; não me atrevo descrevê-lo, pois jamais conseguiria passar em palavras esta coisa natural que só o criador do universo, com sua sabedoria espiritual, pode decifrar o enigma da beleza sintonizada na natureza colatinense.

Sinergia da natureza, sincronizadora das moldagens e maquiadoras de suas margens e seu curso turbo zincado pelo ferro carregado das Minas Gerais, até chegar ao mar azul.

A crença dos homens e mulheres dessa cidade faz com que deslumbrem por sua bondade e misericórdia a todos os que por ela passem, desde missionários, que desde o passado cuidam da alma e trabalham o espírito de cada um, para suportar as pressões desafiadoras do dia a dia; aos mascates que por lá passavam, recebiam na estação ferroviária, via de comunicação entre a capital e o interior, a benção dos colatinenses por tê-los, como benfeitores dos comerciantes da terra; que traziam seus estoques para serem distribuídos.

Seu espírito humanitário faz com que se ouçam gritos de socorro vindos dos mais recônditos cantos das redondezas. As sirenes das ambulâncias anunciam a chegada de mais um paciente das roças, por doenças adquiridas nas suas rotinas. As picadas de Cascavéis, Urutus, ou outro peçonhento qualquer, em busca do antídoto. E também, de transferência de uma cidade da região, que na emergência não pensam duas vezes: Santa Casa, São José ou Silvio Avidos, um desses hospitais o acolherá.

Na Rua Cassiano Castelo, 307, encontra-se o atendimento procurado. Foi assim com Pedrão; bateu à porta e ela se abriu. Entrou e com muito carinho foi atendido, tratado e acariciado.

As entidades filantrópicas entram e somam forças aos hospitais; todos serão tratados conforme determina a lei, direitos iguais. Ali o respeito à vida é de igual para igual. Há um reconhecimento de nivelamento social, de cumprimento aos deveres de profissionais competentes, sem levar em consideração as origens.

Como tenho citado, ali naquele hospital, sinergia e empatia que me deixaram emocionalmente feliz, cheio de confiança, apesar dos poucos recursos.

Colatina era administrada por um prefeito defensor do SUS, e não abre mão de fazer seus tratamentos por esta instituição, quem sabe seja este o segredo desta cidade. Ama e protege.

Naquele momento, Colatina era uma cidade bem administrada, seu executivo, um jovem de 64 anos, que acreditou na simplicidade para combater vícios políticos. Em sua campanha foi considerado louco pelos seus adversários, financeiramente bem situados, com relacionamentos políticos muito acima dos seus, porém, com visão abaixo da sua, seu modo de ver a coisa pública divergia das administrações anteriores.

Mas, este cara sempre foi tão simples, que seu celular foi seu maior instrumento de campanha e maior aliado na conquista dos eleitores. Não deu bola pro azar, partiu com seu projeto, cumprimentando seus amigos e fortalecendo sua corrente com a simplicidade de sempre. Seu veículo sempre foi a bicicleta, seu palanque sempre foi o corpo a corpo. Com vinte e cinco mil reais, conquistou o cargo mais importante da cidade. Continuou sendo o Sergio Meneguelli, e não o prefeito Sergio Meneguelli. Continuou usando seu veículo de duas rodas para visitar as obras, continuou abraçando as pessoas pelas ruas como antes, conquistou seu lugar como o melhor prefeito do Brasil.

Esse homem de 64 anos, Sr. Sergio Meneguelli, tem feito um empenho muito grande, no sentido de moralizar a administração municipal, tem trazido um conceito diferente de como lidar com os recursos oriundos dos cidadãos, valorizando cada centavo recolhido dos impostos. Lida com a coisa pública de uma maneira tão séria, que o povo passou a tê-lo como o maior líder político da atualidade.

Serginho é um político muito diferente dos demais políticos que conhecemos. Em 2005 ele se elegeu como vereador, e, como representante dos seus eleitores, sempre trabalhou em defesa dos direitos destas pessoas. Numa sessão na CMC, votou a favor do aumento do vale alimentação, enquanto a maioria votou contra; em 2006, quis saber das pedras portuguesas e também lutou pela gratuidade para idosos acima de 60 anos no transporte público.

Esse senhor de 64 anos sempre gostou de andar de bicicleta, mesmo tendo direito ao seu carro oficial, ele oficializou a magrela como veículo preferido; o marmitex, em qualquer lugar da cidade, e a realização de serviços considerados braçais, junto da galera mais humilde. Assim foi conquistando a preferência do eleitorado. O jogo é perfeito.

Em 2007, outra jogada do Serginho foi na comemoração do dia das crianças, solicitando ao governo do estado, um lanche reforçado para a molecada. Se pensam que isto não conquista votos, estão enganados: o povo quer exatamente isto, esse é o político que o povo pede. É um trabalhador público, diferenciado. Teve uma falta ao trabalho em 2006, por luto em família; cumpre severamente seu compromisso, comparecendo ao seu setor de trabalho, com pontualidade.

Sempre que houve uma pesquisa sobre os políticos do município mais importante do noroeste do estado ali está destacado o nome do Serginho Meneguelli. O cara é realmente carismático, esta condição é,sem sombra de dúvida, o melhor cartão de visita do político.

"A política tem que ser entendida, para merecer este nome, como uma ação, cuja abrangência alcance todos os cidadãos".

Esta é uma frase do nosso querido jornalista Ricardo Boechat, morto num desastre de helicóptero, em 11 de fevereiro de 2019. Um verdadeiro pensador, que nos deixou um grande material jornalístico. Registros verdadeiros de uma convicção própria.

Acredito que o Serginho baseou, além de sua formação política na prática e empírica, reflexão que casa com o pensamento do jornalista, e outros pensadores.

O trabalho deste prefeito abrange duas escolas: empirismo e racionalismo. Por que empírico? Porque trabalha com observações científicas. E por que racionalista? Porque trabalha apoiado nas necessidades sociais, independentemente de qualquer prova científica, se tem o recurso, aplica imediatamente, recorrendo às necessidades imediatas.

Este administrador, que se mistura aos mais simples, se igualando aos níveis diversos, trouxe para Colatina uma teoria igualitária, sem precedentes. Durante todo seu trabalho de executivo da cidade, não deixou transparecer superioridade como sendo aquele que pode mandar; simplesmente ia e fazia: ajudava a varrer as ruas, ajudava a pintar as guias e quando necessário, assumia o lugar de uma professora, ou um professor de criança, descontraindo-as, pulando amarelinha. E sempre teve o respeito do povo.

Serginho sempre teve orgulho de ser igual a todos, usava do direito de ir e vir, usando seus próprios recursos de locomoção, mesmo tendo a sua disposição um carro oficial, fazia questão de pedalar sua magrela, indo e voltando para a prefeitura.

Meu caro Pedrão

Pedrão era um paciente especial, sofria de uma doença não muito comum, uma anemia profunda, chamada paroxística noturna. O termo paroxístico tem sua explicação técnica como sendo uma convulsão.

No caso do Pedrão, era uma anemia que se caracterizava por uma agressividade noturna e dores abdominais mais ativas neste período. A doença não é só noturna, como muitos acreditam, devido à coloração da urina que fica muito mais forte, por isso a chamam de paroxística noturna; ela está no organismo do paciente, durante todo o tempo. Na real, pode ser considerada apenas de anemia; uma anemia muito agressiva.

Pedrão chegou ao hospital e passou por um questionário na triagem.

– Nome?

– Pedro Custódio do Nascimento

– Idade?

– 71.

– Estado Civil?

– Casado.

– Tem filhos?

Imagino eu, que se esta pergunta foi feita, Pedrão deve ter ironizado a resposta, com seu jeitão de ser, com aquele sorriso espalhando os lábios pelo rosto, e a resposta:

– Vários... estão espalhados por aí.

– Lembra os nomes?

– Com certeza: José Carlos do Nascimento, Oclonildo Custódio do Nascimento, Edenilson Custódio do Nascimento, Gerlone de Souza do Nascimento (adotivo) e Diego Garcia, o caçula.

– Trabalhou bem, hein, Pedrão?

O sorriso largo espalhava novamente pelo rosto, e uma resposta simples:

– É a vida, fiz o que pude, uai!...

Completa o questionário da triagem, sinais vitais apresentando curva em altas e baixas, baixa saturação, auxílio de oxigênio necessário.

Começa neste momento uma empatia e uma sinergia, entre paciente e uma equipe: formada de médico, enfermeiros, transportadores, pessoas responsáveis pela limpeza, técnicos de laboratórios e indiretamente outros profissionais, que não imaginamos.

Dentro de um sistema hospitalar, existe uma corrente ligando todos em tudo. SUS, esta sigla tem que ser respeitada, mesmo que o paciente tenha um convênio médico que seja renomado, na hora que o custo do tratamento ultrapassa seu limite, quem assume é o SUS.

Eu havia estado com ele dias antes, no mesmo hospital, e seu estado de saúde estava estável, sua condição física não inspirava tantos cuidados. Seu humor estava refinado, seu paladar excelente. Não consegui entender por que esta mudança tão repentina.

Eu havia prometido em 1998, depois de ter passado 42 anos sem vê-los, que a partir daquele momento, não mais distanciaríamos uns dos outros. Estaríamos, de mãos dadas, para o que desse e viesse. Já havíamos perdido muito tempo e alguns já haviam partido, e nem lembranças nos deixaram, pois sua preocupação era apenas a sobrevivência enquanto sua estadia por aqui.

O sentimento de união familiar não havia sido pregado para nenhum deles, era como se tivessem criado seus mundos particulares, ali cada ponto era um ponto, apenas um ponto. O limite de cada um era o fim da existência de cada um. A morte que os levaram não nos emocionara. A corrente estava com o elo quebrado. Necessário se fazia restaurá-la. E como um artista plástico, nos colocamos ao empenho dos elos quebrados.

Quando a cortina se fecha, a lembrança da peça deve ficar na memória; se não, não há razão de assistir a algo que passa sem deixar saudade. No palco exibe-se o que há de melhor na relação. Expressão corporal, gritos vindos de dentro da alma de cada personagem; o respeito à vida e o lamento da morte quando chega o momento. Tudo se torna turvo... mergulho do corpo, surgimento da nova vida, o espírito toma forma diferenciada e a invisibilidade assume o novo perfil.

A travessia se completa chegando a margem seguinte...

Fui privilegiado: Deus dotou-me com o ato da caridade, por isso agradeço a cada dia pela sua misericórdia. E complementando, veja o que Deus deixou como conselhos para cada um de nós...

> "Então o Rei dirá aos que estiverem à sua direita: 'Venham, benditos de meu Pai! Recebam como herança o Reino que foi preparado para vocês desde a criação do mundo. Pois eu tive fome, e vocês me deram de comer; tive sede, e vocês me deram de beber; fui estrangeiro, e vocês me acolheram; necessitei de roupas, e vocês me vestiram; estive enfermo, e vocês cuidaram de mim; estive preso, e vocês me visitaram".
>
> Mateus 25:34-36

Observando os ensinamentos bíblicos, desde criança, ensinamentos transmitidos por um homem que me criou, mesmo muito pobre de bens materiais, cuidou desde muito cedo de me ensinar que de nada vale acumular bens, se não tem o prazer de dividir com os que mais necessitam, perdendo o direito de uma vida eterna.

O senhor José Lopes, ele e sua esposa, dona Maria Joana, não tinham, muitas vezes, o suficiente para comerem, mas se um andarilho chegasse em sua porta e pedisse algo para comer, não pensavam duas vezes, cuidavam logo de preparar alguma coisa, para lhe saciar a fome. Um homem que pouco sorria, menos quando o Waldemar Anastácio aparecia, e o visitava, toda vez que estava em férias escolares; Waldemar era um dos filhos mais velhos do Sr. Virgílio e dona jovem, moço formoso e conservador das amizades. Nestas visitas, José Lopes sorria com as piadas do humorista estudante de Varginha.

José Lopes respeitava a religião, era devoto de Nossa Senhora da Penha, assistia às missas, na paróquia de Água Limpa e na Igreja de São Geraldo, regularmente e todas as noites, sempre rezava uma Ave Maria e um Padre Nosso antes de deitar, me ensinava lições de catecismo, porque nas visitas do Frei Pio, eu teria que ser o melhor na hora das perguntas. Frei Pi, visitava a Paróquia de Água Limpa uma vez por mês e o bispo da diocese, anualmente. Nesta visita bispal então, a disputa era acirrada, cada um queria ser melhor do que o outro.

No período da semana Santa, fazia uma espécie de penitência, começando na quinta-feira, indo até o sábado de aleluia ao meio-dia, em jejum; e, benzia, ou melhor não se tratava de uma benzedura forte, para tirar mau-olhado, ou coisa parecida, mas se tratava de alguma coisa que era só dele e Deus, e, os rituais dos esteios da casa, assinalando-os, com uma cruz. Não revelava para ninguém o significado.

Acredito que Deus me distanciou dos meus irmãos, provavelmente, para que eu tivesse este tipo de educação.

Meu tio mal sabia ler, mas a sua sabedoria de vida era superior à sabedoria acadêmica. Minha tia Maria não sabia ler e nem escrever, mas era uma parteira de primeira. Todas as mulheres daquela região, no momento que sentiam as primeiras dores do parto, pediam para chamar dona Maria Joana, e ela não negava a ajuda, sua boca não tinha dentes para triturar os alimentos, mas sabia expressar amor, sabia expressar uma fala de conforto, e, suas clientes acreditavam na palavra humilde que saía daquela boca sem dentes, daquele corpo franzino, daquele imenso coração, cheio de amor para dar. Catava a criança e a recebia, por gratidão da mãe, para ser a madrinha. Colecionou, por este dom, uma grande quantidade de afilhados na região.

Meus pais adotivos sabiam mais do que aprendi em toda a minha vida. Eles, que não tinham roupas, não tinham o discernimento de cultura ambiental, tinham muito mais do que precisamos, tinham o amor de Cristo Jesus no coração. Eram verdadeiros mensageiros da fé, sabiam transmitir através da fé a segurança em Jesus Cristo de Nazaré, sem ninguém lhes ensinar que era assim que deveriam ser.

> "Ame seus pais, sua vida e seus amigos. Seus pais, porque são únicos. Sua vida, porque é curta demais. Seus amigos, porque são raros".
>
> Autor: Flavio Joaquim Manuel

Ali, naquele ano de 1998, começava uma nova experiência em família. O compromisso era estreitar os laços, alcançando as pontas dos ramos.

Nunca esqueci do momento em que encontrei Pedro Custódio do Nascimento, ele não sabia expressar um sentimento emotivo de um encontro depois de vários anos, expressou apenas: meu irmão!...

Agora novo encontro: o encontro de cuidador e paciente, meu irmão estava em um leito de hospital, aguardando seu final. Nosso encontro no momento final, o sentimento era de despedida, mas Pedro amava a vida e tentava de todas as maneiras driblar a doença e morte, queria continuar vivendo e poder contar suas piadas para seus amigos.

Seu filho Edenilson o incentivava, na esperança de vê-lo sorrir, mas sua expressão era mórbida, com um olhar taciturno. Ele olhava fixamente para o filho dando sua resposta. Era como se dissesse: não crie esperança. Todos os filhos estavam ao seu lado, davam sua contribuição no sentido de vê-lo sorrir. Lembro-me, quando cheguei para o serviço de voluntário, encontrei o José Carlos na entrada do hospital, apresentou-me, fiz o cadastro e me tornei a partir daquele momento, um contribuinte nas enfermarias, colaborava com os banhos, trocas de roupas de cama, fisioterapia mesmo sem a mínima experiência, mas dava minha contribuição movimentando braços e pernas.

Para sua esposa, Antônia, tentava balbuciar alguma coisa boa, na esperança de tranquilizá-la, e em relação a mim, ele dizia: "eles não estão entendendo nada, para você eu falo, mas para eles não adianta dizer nada, você veio para me ajudar, mas chegou minha hora, nós vamos nos separar. É o tempo de Deus. Nossa mãe foi, nosso irmão foi, nossa irmã e agora farei parte dos distanciados eternamente."

Revezávamos os horários de acompanhamento entre o meu acompanhamento e os filhos. Mas no dia 16/07/18, Pedro pediu para ver o seu amigo Tião Laia. Este, por sua vez, se ofereceu para ser o acompanhante daquela noite. Às 18 horas, portanto, passei a responsabilidade para o amigo. Pedrão estava enfraquecido, mas ficou feliz por ver seu amigo. Eu os deixei conversando, apesar de o Pedro estar um pouco desinquieto; seu estado de saúde havia piorado.

Os leitos da enfermaria haviam sido removidos para um corredor, para que fosse feita uma limpeza mais eficiente. No corredor Pedrão teve uma crise antes da minha saída do hospital, mas logo foi contornada com um atendimento de emergência. Saí do hospital preocupado, viajei para Pancas sabendo que o quadro clínico era grave; mas viajei porque a escolha foi dele, tinha que respeitar seu desejo naquele momento. Tião Laia também ficou preocupado, mas se sujeitou a acompanhá-lo.

Naquele mesmo dia, havia recebido a visita de um sobrinho por parte de ex-esposa, Lidinha. Conversou, sorriu e demonstrou que estava conformado com o destino. Parece-me, que Pedrão estava certo de que seria aquele dia.

Chegando em Pancas, comuniquei ao nosso irmão mais velho, que havia viajado de Rondônia, em solidariedade familiar. Estávamos juntos: compromisso firmado em 1998, quando havíamos nos encontrado, depois de anos distantes. Poupamos a Antônia, a atual esposa, para ela poder dormir despreocupada. Fiquei atento ao celular. Camila, a esposa do seu filho Edenilson, era a nossa âncora, ela estava conectada com o hospital; qualquer alteração que tivesse no boletim médico, Camila receberia informação imediata.

> Pedrão estava se despedindo...
> "Pois a visão aguarda
> um tempo designado;
> ela fala do fim e não falhará.
> Ainda que demore, espere-a;
> porque ela certamente virá
> e não se atrasará".
>
> Habacuque 2:3

As enfermarias estavam lotadas, como controlar as doenças?

Epidemiologistas estudam cada transmissor; cada tipo sanguíneo dos hospedeiros; as mutações de todos, as bactérias e vírus, também o poder de combate dos antibióticos. Cada vez mais resistentes se tornam, impedindo a eficácia dos medicamentos existentes.

"A saúde como direito de todos e dever do Estado é uma demagogia e ainda tira a responsabilidade dos cidadãos sobre o próprio bem-estar: se Estado é quem cuida, não sou eu"- (Drauzio)

Esta frase do Dr. Drauzio Varella quer dizer que nem o Brasil, nem outro país do mundo, vai arcar com os custos da saúde pública, em tempo algum. Será necessário muito diálogo, e rápido, com as instituições envolvidas com o tratamento da população; médicos, farmacêuticas, hospitais e sociedades. Um conhecimento técnico das instituições e muita interação destas instituições com a sociedade já conscientizada.

Eis aí mais uma vez, a empatia, assim como a sinergia, associando forças, entre poder público e a iniciativa privada, na busca de soluções para um problema de âmbito universal. O que depende do querer e do poder unir estas forças; no combate às pragas pandêmicas que assolam o mundo.

Gritos ouvimos constantemente, mas ouvi-los depende da sensibilidade e da vontade pública. Estamos acostumados com projetos de políticos bem intencionados, espalhados por todas as partes, recolhidos e arquivados, nas diversas repartições do serviço público. Assim como, sugestões acadêmicas, surgidas dentro das universidades, por mestres, bacharelados e teses de pós-graduação e até doutorados; lamentavelmente, esses gritos de socorro não são ouvidos pelo poder público.

A nossa sociedade está fragilidade, sem uma liderança política que tenha apoio nas instâncias superiores. A falta de esclarecimento, sobre uma matéria tão séria, ajuda as forças do contra a se manterem resistentes. Achávamos que com a mudança de governo fôssemos ouvidos com mais rapidez, mas o que estamos percebendo é que ainda não estamos livres. Estamos amarrados aos vícios políticos, criados para uma minoria, enraizada por ideologias, difícil de ser solta do tronco fortalecido nesta doutrina radical.

Em 1904, vivíamos os surtos de peste bubônica, febre amarela, tuberculose e varíola, houve nesta época medidas governamentais para combatê-las, o que acarretou na Revolta da Vacina.

> "Assim, na Era Vargas ocorreram os seguintes fatos: a Saúde pública foi institucionalizada pelo Ministério da Educação e Saúde Pública; a Previdência social e saúde ocupacional institucionalizada pelo Ministério do Trabalho, Indústria e Comércio; criou-se os Institutos de Aposentadoria e Pensão (IAP) que estendem a previdência social à maior parte dos trabalhadores urbanos (1933-38)".
>
> Paulo Silvino Ribeiro
> Colaborador Brasil Escola

Sinergia grupal nos tratamentos

Como em uma partida de um esporte coletivo, deve-se combinar cada lance. Os sinais e olhares de cada atleta significam uma combinação de jogada, fazendo uma combinação de ataque simultâneo, o que leva a equipe mais preparada a destruir o opositor, conquistando os pontos necessários para a conquista do pódio. Trabalham em sintonia, mais ou menos como trabalham as abelhas e as formigas, somando forças para atingir seus objetivos como haviam planejado.

A equipe do Dr. Cleber está sempre preparada para o que der e vier, o paciente é a peça principal de estudos, os estagiários orientados por ele não deixam os pacientes sem atendimento.

Os voluntários estão orientados para a jornada, amparados pelos profissionais da saúde, não perdem o foco. Neli Berger, contratada para cuidar do Reinaldo, ouve com atenção a explicação da enfermeira de plantão.

A travessia do Pedrão foi completada, ali na cidade mais humana que conhcci em termos empáticos e sinérgicos.

Desmodus Rotundus – vampiro brasileiro

Um pequeno registro de um morcego brasileiro transmissor da famosa raiva. Estamos sempre preocupados em falar dos morcegos estrangeiros, principalmente o chinês, mas nós temos esta espécie que nos deixa preocupados.

Eu particularmente, como caipira, morei muitos anos na área rural, tive o privilégio de conviver com os principais animais que aterrorizam os moradores: entre eles estava o nosso querido vampiro. Levantava nas madrugadas para tratar dos animais, tirar leite, ou outras atividades, e era comum depararmos com um cavalo picado durante a noite, por um destes morcegos. Sugava o sangue pela jugular do cavalo, causando um desconforto ao animal. Por algum tempo escorria sangue, até que houvesse a coagulação e cicatrizasse o ferimento causado pela mordida. Era tão comum, que nós moradores não levávamos a sério, e a vida continuava, não tínhamos a idcia do risco.

Nas noites claras de luar, tínhamos o hábito de capturar o nosso vampirinho com uma vara de pescar, não para estudar, mas pelo prazer de matá-lo.

Morar numa casa de betume, com fendas por todos os lados, cobertura de tabuinhas, onde formava os esconderijos de animais peçonhentos, nossa convivência com estes animais se tornava comum, tomava cuidados, mas o risco era evidente. O bicho barbeiro passeava pelas paredes e as picadas de pulgas e percevejos faziam parte do dia a dia.

Hoje temos consciência dos perigos oferecidos por estes animais, e podemos passar informações a respeito.

Em um texto publicado por Gustavo Laredo e Ernesto de Souza, na Revista Globo Rural, pode-se adquirir um conhecimento melhor sobre o morcego brasileiro, a raiva e os medicamentos produzidos pelo Instituto Pasteur de São Paulo. Também onde os morcegos vêm sendo encontrados nas áreas urbanas, com mais frequência: em São Paulo, Rio de Janeiro e Belo Horizonte. Não ficam só por aí, em todo o Brasil, podemos encontrar o transmissor da doença.

Pessoas organizadas para o combate às sequelas sociais – do corpo e da alma

Alguns exemplos muito importantes de seres especiais que trabalham para o bem de todos; sem se preocupar com o que pode acontecer com sua própria vida. São homens e mulheres que encaram os problemas diversos, sem se esmorecer para ajudar pessoas atingidas pela pandemia. De uma maneira ou de outra, os tratamentos após as altas, ou a fome que os acompanham pela perda do emprego, ou pela situação já existente antes de contrair o vírus. Vemos esta situação acontecendo já ali pela metade do primeiro ano pandêmico; crescendo durante o decorrer da ampliação do tempo que permanece a doença. Este exército voluntário, sem dizer os nomes, nem de onde vieram, trabalham incansavelmente, na solução de entraves da vida. Conseguem remédios de alto custo, conseguem cestas básicas, conseguem vestir quem está nu, e ainda conseguem parar e dar o ouvido, para ouvir quem quer desabafar.

Não conseguimos ver solução a curto prazo. Com o crescimento dos problemas sociais como desemprego, estresse pelo isolamento social, e outros; percebe-se que não haverá encurtamento dos problemas.

Associações especializadas em humanização

Trabalhei ligado a comunidades por muitos anos, nosso objetivo era levar às pessoas o bem-estar. Um dos trabalhos mais difíceis de se realizar. Quando se trata de comunidades formadas pelo instinto de sobrevivência, normalmente estamos ligados a pessoas com pouca instrução, ou muitas vezes nenhuma instrução. Por esta razão torna-se muito difícil a mobilização dos indivíduos por um todo. Quase sempre os membros destas comunidades, eles veem o individual; eles aprenderam que devem se esforçar para sobreviver, lutando contra as adversidades do ambiente é "cada um por si e Deus por todos", uma cultura adquirida no seio da família desestruturada.

A vacina da Covid-19

Estamos finalizando nosso trabalho, um trabalho literário, apenas isso. Não somos técnicos, não somos formados na área de medicina, somos apenas uma pessoa como outra qualquer; temos ansiedade como todos; sofremos com as perdas das vidas como todos sofrem.

Não acreditamos na eficiência das vacinas como solução definitiva dos problemas, acreditamos numa diminuição tímida da ampliação da Covid-19. Mas, na nossa visão, momento em que registramos nosso pensamento: é pessimista quanto ao extermínio do vírus. O ano é 2021, um ano após o aparecimento do vírus e a primeira morte ocorrida no Brasil; na nossa visão não ficaremos livres desta doença nos próximos três anos, isto quer dizer que seremos vítimas da doença até 2024 ou até um pouco mais, se não permanente. Acredito na capacidade dos nossos cientistas; mas não acredito no empenho político para exterminar doenças geradas pelos microsseres, "vírus e bactérias", que nos atormentam desde o nosso nascimento.

O grito social é de esperança com o aparecimento da vacina, todos sem exceção acreditam na cura total. Eu particularmente vejo o medicamento mais como um paliativo, até que os cientistas cheguem a um aprofundamento nos estudos.

Este vírus é um alerta de guerra; a massa populacional está cada vez mais densa, e como já ocorreu anteriormente, e há de ocorrer futuramente. Guerra foi sempre uma solução da humanidade para sanar problemas.

Nossa gratidão aos profissionais da saúde

Gratidão por aqueles que trabalham por amor à vida, sua empatia não se embasa na vaidade, se coloca literalmente no lugar do paciente. Dá uma sensação muito agradável de reconhecimento de dever cumprido. São verdadeiros anjos. Agrada muito a quem foi beneficiado por um anjo e sua equipe sinergética de seres angelicais.

E quando chamo estas pessoas de anjos, não é exagero: são pessoas escolhidas por Deus para exercer uma função útil para sociedade. Os profissionais de saúde exercem um ministério cristão, dos mais ricos em matéria de espiritualidades; estes profissionais não são guiados só pelos estudos científicos que durante o período acadêmico adquiriram, eles são dotados de sentido espiritual, que os direcionam, por minha colocação como sendo anjos. Eles guardam o paciente 24 horas. Aplicam uma empatia sinergética diariamente.

Esta é a razão porque sou grato a eles e aos criadores dos ambientes de acolhimentos, os hospitais, no meu caso o Hospital Samaritano e sua equipe.

No 7º andar, no quarto 707/818, na Rua Dr. Fausto Ferraz, S/N, onde tive um convívio durante 10 dias; desses dez, a maioria deles foi com uma mangueirinha de oxigênio me acompanhando o tempo todo; sendo monitorado e medicado pelos anjos e anjas (apesar de dizerem que anjo não tem sexo), expressando sempre um sorriso amigo e uma palavra de conforto.

Quando estamos dentro de um ambiente, onde há um grupo de pessoas, onde estão conectadas para realizarem uma atividade benéfica para todos, não se deve ter pontos de vista diferentes; por quê? Porque se começarem a divergir com relação ao ponto central desta atividade, desentendem-se, e o projeto vai por água abaixo.

Tive uma experiência muito válida para exemplificar esta situação, quando estive cuidando e quando fui cuidado por pessoas focadas aos serviços da saúde, jamais desobedeceram à ordem do responsável pelo protocolo; faziam tudo sem questionamento.

Sei o quanto é difícil encontrar palavras para agradecer os benefícios recebidos naquele hospital, mas, com carinho venho encontrando forças para reconhecer nossa fragilidade, às vezes nos deixa menos orgulhosos, e, não expressamos as palavras, mas gesticulamos.

Abaixo copiei um texto, peço que reflita, considere ou desconsidere, conforme sua vontade, em relação ao que foi feito pelo governo e seus ministros durante esta pandemia.

> "Bem-aventurado o coração que ecoa a misericórdia de Deus pra toda e qualquer pessoa.
> Bem-aventurado o homem que perdoa, que oferece a graça de Cristo a todos que o magoam.
>
> Quem de nós é o bom que não tenha pecado?
> Quem de nós é o santo homem que não tenha errado?
> Quem de nós pode apedrejar quem por ele é perdoado?
> Quem de nós? Levante sua voz, reconheça seus pecados.
>
> Ajude o fraco a se levantar, não pise!
> Abrace o filho que está no mar das crises.
> Não atire pedras pra não deixar cicatrizes.
> Plante o amor e veja o Senhor regar as raízes.
> Ele não se escandalizou com o pecado,
> Mas se escandalizou com quem estava escandalizado
> Ao invés de olhar de cima, caminha ao seu lado.
> Atire a primeira pedra aquele que não tem pecado!
> Atire a primeira pedra"
>
> Estratagema de Deus

Agradeço a Deus e aos profissionais, que agem pela servidão do amor.

> "O psiquiatra Harold Koenig, diretor do Centro de Estudo da Religião, Espiritualidade e Saúde da Universidade de Duke, aponta que aqueles que se valem da fé, independentemente da religião seguida, enfrentam os fatores físicos e emocionais de qualquer doença com

mais sabedoria. A fé é um fenômeno que libera defesas naturais do organismo, prepara o corpo e a alma a lidarem melhor com a dor e os percalços do tratamento. Seja qual for a forma de manifestação dessa confiança absoluta, ela impede a pessoa de se entregar ao problema, motivando a busca da cura".

CORREIO BRASILENSE – CIÊNCIA E SAÚDE
Chico Nascimento

ALL PRINT
EDITORA
www.allprinteditora.com.br
info@allprinteditora.com.br
Fone: (11) 2478-3413